VdN

Das goldene Weihnachtsbuch

Kurt Arnold
Findeisen

Verlag der Nation

Umschlagbild unter Verwendung einer Engelfigur von Wendt & Kühn.

Bibliografische Information Der Deutschen Bibliothek

Die Deutsche Bibliothek verzeichnet diese Publikation in der Deutschen Nationalbibliografie; detaillierte bibliografische Daten sind im Internet über http://dnb.ddb.de abrufbar.

Satz: Fotosatz Husum GmbH
Druck und Verarbeitung: Husum Druck- und Verlagsgesellschaft
Postfach 1480, D-25804 Husum – www.verlagsgruppe.de

ISBN 3-373-00514-0

Advent

„Macht hoch die Tür, die Tor' macht weit!"
Es melodeit,
es braust voll Inbrunst alter Ahnensippen,
es schwärmt mit kleinen Orgeln und mit Kinderlippen:
„Macht hoch die Tür, die Tor' macht weit,
nun kommt – der Herr – der – Herrlichkeit –"

Das Weihnachtsland und sein Vorhof

Länder schwellen an, Länder schrumpfen zusammen, Länder werden ganz ausgetilgt vom gewalttätigen Unwillen mancher Stunde. Aber ein Land ist auf Erden, das ist für uns Menschen unantastbar, ein Land, dem ist nichts zu vergleichen, kein Kaiser- und kein Königreich, keine Republik und kein Kirchenstaat; ein Land ist vorhanden, das ist aller Privilegien voll und aller Glücksmöglichkeiten, aller Heimatwonnen und überhaupt all der Dinge, die in dickgelehrten Büchern den besten Staat ausmachen: Das ist das Weihnachtsland.

Und wenn ich sage, ihm sei nichts zu vergleichen, so sage ich das aus Erfahrung, gestützt auf erdrückendes, alljährlich neu anschwellendes Beweismaterial und nur mit einer einzigen Einschränkung. Das Land hat nämlich einen Vorhof, der reicht vom ersten Advent bis zum Heiligen Abend. Und sollte einmal eine Umfrage angestellt werden, in welchem Reiche es sich inniger leben lasse, im Weihnachtsland oder im dezemberlichen Vorhof, so wird sich vielleicht zeigen, dass mehr Menschen für den Vorhof stimmen als für das Land selber. Vor allem müssen die dem Zauber der vorweihnachtlichen Zeit zu Lobern und Verkündern werden, denen der Weg mehr ist als das Ziel, die Frage mehr als die Antwort, der Hunger mehr als das Sattsein, der Wunsch mehr als die Erfüllung; denn im Zeichen des Septakkords, im Zeichen einer tiefaufläutenden Sehnsucht steht diese heilige Zeit noch jedes Jahr.

Mit Orgelfrohlocken naht sie sich am Sonntag nach Allerseelen, mit zuversichtlichen Terzen- und Sextengängen und jubilierenden Kinderstimmen: „Macht hoch die Tür, die Tor' macht weit! Es kommt der Herr der Herrlichkeit, ein König aller Königreich', ein Heiland aller Welt zugleich!" In einer Engelwolke naht sie sich mit Räucherkerzchenduft und Bratäpfelmusik und mit der Märchenstimmung der alten frommen Sagen von Einsiedlern und Propheten, die in der Hoffnung einer zukünftigen Herrlichkeit lebten, von dem Prediger in der Wüste, der einem Größeren den Steg bereitete, von den Evangelisten, die mit treuherzigem Griffel eine Menschwerdung auf göttlichen Goldgrund legten. Und ein seliges Gesprächsthema bringt sie mit in die Welt.

Nun treten, häufiger als sonst, die Erwachsenen zu zweien, dreien, vieren zusammen, flüstern, gestikulieren und machen geheimnisvolle Augen. Nun kauern die Kinder in Dämmerwinkeln und Spielecken und tuscheln und wissen Planeten bewegende Dinge. Und ein Hinübersinnen in ein noch fernes Wunder ist in der Welt, ein beglückendes Vorausdenken, ein schwärmerisches Hineinhorchen in den Abend und in die flockenrieselnde Nacht. Und ein verzückter Schein ist über allen Gesichtern, auch über den ungläubigen, ein Schein wie von einer innerlichen Zentralsonne. Und ein Bekenntnis ist auf allen Lippen, auch auf den widerwilligen: Wir haben seinen Stern gesehn!

Nun fangen die Kinder an, die Nächte zu zählen. Nun pflücken sie mit schwer verhaltener Ungeduld die Tage vom Kalender wie Früchte vom Baum, und jedes Minus wird dabei ein Plus. Nun hebt das uralte Versteckspiel an mit den den Liebsten zugedachten Geschenken, das lächelnd listige Scherzspiel der Überraschung mit Julklapp und Bornkindel. Nun beginnt der ehrwürdige Greis seinen Umzug, der mehr als zweitausend Jahre bereits unterwegs ist, der Knecht Ruprecht macht sich auf die Reise zum jungen Geschlecht; und seine bittern und süßen Attribute, sein Reisigbesen und sein Nuss- und Apfelsack spielen noch heute eine von Kinderherzen seltsam umbangte Rolle. Da rühren sich die Hände, da spekulieren die Gedanken, da eifern die Herzen, sonderbar scheu und verstohlenerweise, um der einen, großen Stunde willen, die näher und näher kommt.

Und je näher sie kommt, je mehr häufen und drängen sich im Vorhof des Adventlandes die Verzückungen und die Feste, nun endlich auch im Umkreis der Gasanstalten und Elektrizitätswerke, der Warenhäuser, der Fabriken und der Bahnhöfe: Der erste Wagen mit Heiligabendbäumen und Mistelzweigen fährt vorüber. Der Duft des ersten Rosinen- und Mandelstollens, des ersten Kartoffelkuchens und Krippenkringels kräuselt durchs Haus. Das erste sorglich gehütete Christgeschenk wird zufälligen, flüchtigen Blicks erhascht. Das Leben der Gassen pulst von Abend zu Abend geschäftiger und ungeduldiger. Immer lockender prahlen die Schaufenster. Der Glanz der Buben- und Mädchenaugen nimmt zu wie der des Mondes im ersten, zweiten und dritten Viertel.

Von Märchengestalten und Märchenmöglichkeiten wimmelt auf einmal die Welt, als hätte das süße Kind, das nun allnächtlich die Fensterstöcke nach Wunschzetteln absucht und den verriegelten Weihnachtszimmern gewährend vorüberhuscht, die Brüder Grimm, den braven Bechstein, den biederen August Kopisch, den feinen Hans Christian Andersen über Dächern und Giebeln ausgeschüttelt: An allen Ecken und Enden sind Schneewittchens sieben Zwerge geschäftig, klopfen, nageln, packen aus, stellen auf, kleistern, kleben und versilbern und vergolden. Die Heinzelmännchen fädeln beim Schneider, hämmern beim Schuster, hantieren am Backofen und im Schlachthof. Die sieben verzauberten Rabenbrüder schwenken krächzend um schwelende Schornsteine. Durch das Flockentreiben irrt das Marienkind, arg verstört, und das arme kleine Mädchen mit den Schwefelhölzern kauert frierend an einem Prellstein. Die Bremer

Stadtmusikanten sind wieder einmal auf der Wanderfahrt. Nobel der Löwe, Braun der Bär und Reineke Fuchs spazieren in Meister Kürschners Hause aus und ein. Hampelmänner schlenkern unternehmungslustig die Beine. Hölzerne Hirsche und Pferde springen. Pflaumentoffel stolpern. Das Wunschhütlein dreht und dreht sich auf dem Kopfe. Und endlich wird wirklich auch das Tischleindeckdich zur Wahrheit.

Und wir großen, erwachsenen, aufgeklärten Leute gucken unsern Kindern in die blitzenden Augen, hingegeben und andächtig, und nicht lange, so blicken wir selber durch ihre erstaunten Pupillen in die heranschwebende Wonne, und nicht lange, so sehen auch wir die Märchen verschollener Dezemberwochen über die Straße gehen. Sonntäglich hell wird's in unserer Seele. Die garstige Profitsucht, die uns sonst atemlos durch den Werktag trieb, ist auf einmal nicht mehr da. Wir haben auf einmal Zeit, viel Zeit und sind allen Dingen gut.

Ein heißes Heimweh schluchzt in uns auf nach den versunkenen Jahren, da wir noch von Sehnsüchten und Träumen satt wurden, da wir die wunschversagende Gebärde des Alltags noch nicht kannten, da die Mühsal des Erwerbenmüssens unserm innersten Beruf noch nicht zum Feind geworden war. Ein Berge versetzendes Heimweh schluchzt in uns auf und leitet uns heim. Wir weilen wieder, wenn auch nur für, ach, so kurze Frist, in unserm Jugendland, in unsrem Kinderkönigreich, das sich wie das Adventland im Scheine einer unbesiegbaren Sonne breitete.

Im Zeichen einer tief aufquellenden Sehnsucht steht die Adventszeit, im Zeichen einer Sehnsucht, die nach vorwärts und nach rückwärts die Arme dehnt; darum ist sie so

schön, darum macht sie uns so kinderselig. Kein Wunder, dass wir dann, wenn durch den festlichen Glockensturm eine süße Kinderstimme läutet: „Vom Himmel hoch, da komm ich her –“, hingerissen auf den Knien liegen und es als Gnade fühlen, ein Kind anbeten zu dürfen, erst recht in diesen Zeitläuften, da der plumpe Tross der Körper um uns den fürchterlichen Reigen tanzt und die Macht des Geistigen fast zur Ohnmacht geworden ist.

Sankt Nikolaus und Knecht Ruprecht

Ehe er Bischof von Myra wurde, war Sankt Nikolaus ein inbrünstig gottseliger Jüngling in seiner Vaterstadt Patere gewesen, der Witwen, Waisen und Bedrängten viel Gutes tat. Am Ende verschenkte er sein ganzes Vermögen an die Armen.

Da war ein Mann in derselben Stadt, der besaß drei gar schöne Töchter, doch konnt er sie nicht verheiraten, da er ihnen nichts mitzugeben hatte. Schließlich wusst er sich keinen anderen Rat, als dass er sprach: „Ich will sie ins gemeine Leben führen, so verdienen sie was mit Sünden, auf dass sie sich nähren." Als Sankt Nikolaus solches erfuhr, tat ihm das Leid, und er besann tief, wie er die Mägdlein behüten möchte. Er nahm heimlich einen Beutel Goldes – andere sagen: einen goldenen Apfel – und warf ihn dem Manne zur Nacht ins Fenster. Als der des Morgens aufstand und den Beutel sah, ward er froh und dankte Gott. Alsbald verheiratete er seine älteste Tochter. Die andere Nacht kam Sankt Nikolaus wieder und warf abermals einen Beutel Goldes hinein und auch ein drittes Mal noch. So konnte der Mann auch seine übrigen Töchter unter die Haube bringen. Das dritte Mal aber lauert er, auf dass er sehen möchte, wer sein Wohltäter wäre. Und als er Sankt Nikolaus mit Mühe erhascht, beschwor ihn der im Namen Gottvaters, er möchte niemand in der Welt sagen, wer das Gold geworfen. So sieht man zuweilen sein Bildnis, wie er eine gute Gabe in ein Fenster langt, hinter dem drei Mägdlein schlafen. Auch trägt er gern drei Äpfel auf einem Evangelienbuch.

Jedoch manchmal ist er auch mitsamt dreien Büblein konterfeit. Das hat folgende Bewandtnis: Einmal laufen drei Büblein querfeldein zum Ährenlesen. Sie gehen irr und kommen spät abends vor eines Metzgers Haus. Der Metzger, der ein Unhold und Kinderfresser ist, nimmt sie auf, schlachtet sie heimlich und steckt sie ins Pökelfass. Da liegen sie sieben Jahr. Nach sieben Jahren macht sich Sankt Nikolaus auf denselben Weg. Er klopft an des Metzgers Tür und heischt zu essen; aus dem Fass möchte er haben, was sieben Jahr im Winkel steht. Wie der Metzger das hört, packt ihn kalter Graus, und er läuft von dannen. „Bleib da, bleib da", ruft sankt Nikolaus, „bereu, auf dass dir Gott verzeihe!" Dann setzt er sich auf das Pökelfass und reckt drei Finger. Und schon springen drei Büblein gesund heraus, meinend, sie hätten geschlafen.

So bewies sich Sankt Nikolaus als Kinderfreund. Damals war er schon Bischof zu Myra, das im Land Lykien an der Südküste von Kleinasien liegt; und da er einmal wie der Herr Christus auf dem See Genezareth in einem Schifflein das Wüten des Meeres stillte, galt er auch als der Schiffsleute Patron. Der 6. Dezember ist sein Namenstag.

Und wahrlich, keiner war wie er berufen, als Wodans christlicher Stellvertreter zur Zeit der Wintersonnenwende umzugehen. Je mehr aber im Volk das Gedächtnis an den Himmelsalten im wallenden Mantel erblasste, den geisterhabenen Schimmelreiter, um so sichtbarer trat der heilige Nikolaus als nächtlicher Gabenspender auf und somit vor allem auch wieder als Freund der Kleinen. Er nahm menschliche Gestalt an, wozu es nie an bereitwilligen Darstellern mangelte. Bärtig, im Bischofsmantel, mit Mütze und Stab schritt er nun leibhaftig vom 6. Dezember an von Haus zu Haus, und ein Sack voll guter Gaben hing ihm über die Schulter.

Damit sich aber auch die Erinnerung an den kettenrasselnden Kinderfresser, den Wütenden aus dem wilden Heer, nicht ganz verliere, war meist ein polternd ungeschlachter Geselle an seiner Seite, der mit geschwärztem Antlitz oder schrecklich vermummt, fluchend und schimpfend die Rute führte. Dieser hieß von Anfang an in Mitteldeutschland Knecht Ruprecht, während er in Westfalen „Klapperbock“ genannt wurde, am Niederrhein „Hans Muff“, in Bayern „Klaubauf“ (vom Aufklauben, Aufheben der ausgeschütteten Äpfel und Nüsse), in Österreich „Krampus“, im Elsass „Hans Trapp“ und „Schmutzli“ in der Schweiz. Auch die Namen „Pelzemärtel“ (so taucht noch einmal Sankt Martin auf) und „Sunnwendmann“ (Sonnenwendmann) kamen vor. Die mitteldeutsche Bezeichnung hat die weiteste Verbreitung gefunden. Ebenso hat der Name des frommen Bischofs hier und da Veränderungen erlitten: Niklas, Niklo, Seneklas, Sünneklas (Sankt Klaus), Bullerklas, doch schimmert durch alle Abwandlungen der Nikolaus durch.

Beide Gestalten setzten also die Überlieferungen zur Sonnwendzeit fort, beide übernahmen sinnbildlich die Verabreichung der Herbstgaben, und mehr und mehr wendeten sie sich ans junge Geschlecht. Dabei trat naturgemäß eine Teilung ihrer Pflichten ein. Während sich Sankt Nikolaus, der Gütige, Sprüche und Lieder aufsagen ließ und die Braven und Fleißigen mit Lob bedachte, führte sein polternder Genosse um Säumige und Verstockte wilde Kriegstänze auf, ließ die Rute spielen und drohte mit Verschleppung in seinem Maltersack. Meist aber kam die Szene endlich doch zu einem friedlichen Abschluss, und Äpfel , Nüsse und andere gute Dinge kollerten in die Stube, wie aus dem unerschöpflichen Füllhorn der herbstlichen Natur herausgeschüttet.

So hatten die klugen Sendboten des Kreuzes heidnische Götter durch christliche Gestalten ersetzt, und unsre Altvorderen gewöhnten sich mit der Zeit an sie. So wandelten die Priester auch die germanische Julfeier um, natürlich in das Weihnachtsfest. Jubel und inbrünstige Freude dort und hier; dort über die wiederkehrende Sonne und den Aufstieg des neuen Frühlings, der die Natur abermals jung machen sollte und frei von Finsternis und Winterangst, hier

über die Geburt eines Kindes, das die Welt immer wieder zu erlösen vermöchte von Dumpfheit und dunkler Schuld, das Hoffnung, Glaube, Zuversicht in eigner Person war. Die alten Deutschen nahmen diesen Tausch, wenn auch zögernd, so doch mit steigender Beglückung an, und heute, nachdem unser sehnsüchtiges Volk sich das christliche Bethlehemwunder in seiner Weise ganz zurechtgelegt und gedeutet hat, ist Weihnachten nicht mehr wegzudenken aus dem deutschen Wesen.

Mit diesem Tausch wurden Nikolaus und Knecht Ruprecht offenkundig, sozusagen amtlich, in eines Kindes und aller Kinder Dienst gestellt. Sankt Nikolaus brauchte sich nicht umzumodeln. Knecht Ruprecht fügte sich gern, er nahm dabei ein paar schmunzelnde Züge an von jenem anderen struppig braven Heiligen der christlichen Legende, der das Büblein, welches immer schwerer wurde, durch den Schwall der Wasser trug, von Sankt Christophorus. So liefen nun beide als willkommene Verkünder, Ansager, Vorbereiter vor dem Weihnachtsfeste her. So tun sie's noch heute, wenn sich auch der Bischof, vor allem in protestantischen Gegenden, mehr und mehr zurückgezogen hat aus dieser Sendung. Er lud den breiten Schultern seines Gesellen sein herzliches Amt mit auf und gab ihm zugleich seinem Namen zu, und so scheint es heute, als wären Nikolaus und Knecht Ruprecht eine Person.

Knecht Ruprechts Sendung

Er spricht:
Ich bin so alt
wie Wind und Wald.
Ich bin so greis
wie Schnee und Eis.
Bart und Mantel um mich geschlagen
seit Urwelttagen,
mit dem Eschenspeer
schloff ich umher.
Ansonsten ritt ich am Himmel
auf silbernem Schimmel.
Doch der Schimmel ward wild mit den unholden Mächten
in den zwölf Nächten,
ich selber nit besser:
ein Kinderfresser!
Drum ward mir gesellt
der fromme Bischof und Held,
der verstund aus der Maßen die zeternden Zäpfelchen
traut zu erschweigen mit Nüssen und Äpfelchen.
Wir schlurften selbander von Haus zu Haus:
Ich und der heilige Sankt Nikolaus.
Er hieß die Guten schön beten und singen.
Ich ließ mit der Rute etwelche springen.
Jedennoch eines Tages sprach der fromme Herr:
„Gesell, meine Beine wollen nit mehr;
magst du mir frisch sagen beim Heil'gen Christ,
ob du mein guter Geselle bist."
Da schlag doch gleich das Wetter drein;
ich soll kein guter Gesell nit sein?
Sprach ich und trat ihm unter die Nas. –
Dagegen er: „Es war nur Spaß,
sei du mir hinfort zu schleppen beflissen
meinen braven Sack voll Äpfeln und Nüssen.

Huck du ihn itzt auf dein Buckelleder,
lieben Christkinds Ansager und Stellvertreter!“
Ich sprach: „Mein lieber Sankt Nikolaus,
meintswegen, nur bitt ich mir eines aus:
Ich möchte meine Ruten auch fürder schwingen,
auf dass etwelche noch lernen singen!“
Er sprach: „Es sei!“ und ward naus zum Tempel;
ich aber stund da mit dem Krempel. –
So bin ich denn der Knecht Ruprecht worden
und stapf umher an allen Orten
und keuch und schwitz, hab gräulich zu tun
und tät ganz gern wie jener ruhn.
Das möchte aber die Buben und Mädel grämen,
so will ich's tausend Jahre noch auf mich nehmen. –
Zum Donnerwetter, hab keine Zeit:
Macht euch fürn Heil'gen Christ bereit!

Vom Striezelmarkt

„Ausverkauf wegen Geschäftsaufgabe?
Hui, hier heißt es: Mach geschwind!
Na, was kost so'n schwarzer Knabe?"

„En Dreier, weil's die letzten sind!"

„Sapperlot, en ganzen Dreier
für so'n lump'gen Feuerrüpel?
Nee, das is mir doch zu teuer;
ihr macht Preise, nehmt's nich übel!"

„Oho, unsre Pflaumentoffel
sind die schönsten von der Welt.
Ich, der Mali, er, der Stoffel,
ha'm sie selber aufgestellt.

Unsre Mutter heißt Frau Schanzen,
Pirn'sche Gasse linker Hand.
Unsre Firma ist beim ganzen
Dresdner Striezelmarkt bekannt!"

„Donnerlitzchen, so'n Bewenden
hätt ich mir nich träumen lassen:
Her mit allen Restbeständen,
hier is Kasse, hier is Kasse!"

Striezelmarktkinder

Pflaumentoffel! Hampelmänner!
Neuen Christbaumschmuck für Kenner!
Schaumgold! Eistau! Wunderkerzen!
Frische Pfefferkuchenherzen!
Liebe Leute, kauft doch was!

Stehn seit Mittag auf der Straße,
leer der Magen, kalt die Nase;
dabei zieht's an allen Ecken.
Striezelmarkt ist kein Zuckerlecken!
Liebe Leute, kauft doch was!

Pflaumentoffel!!!
Hampelmänner!!!
Eistau!!!

Turmmusik

(Dem Andenken Ludwig Richters)

Horch, die Zinkenisten blasen
hoch von Turm und Mauerkranz!
Drunten in den dunklen Straßen
zwinkert kleiner Fensterglanz.

Und es jubelt die Kurrende:
Soli Deo gloria! –
Kommt zu spät mit seiner Blende
Einer; doch nun ist er da! –

Jubilate! Jubilate!
dröhnt der Turm von Sankt Marien.
Goldene Legendengnade
heiligt und umwittert ihn.

Und die Mutter mit dem Kinde
lächelt aus dem Mauerloch:
Mancher kommt mit seiner Zünde
Zwar zu spät, doch kommt er noch –

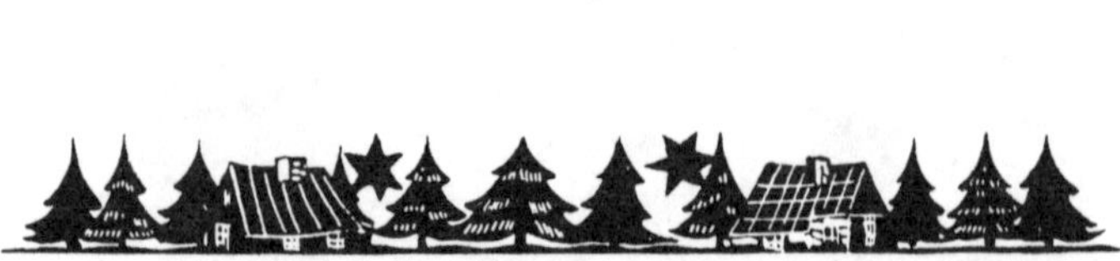

Weihnachtszauber der Heimat

O, du allerschönstes Märchen
meines fernen Kinderlands:
Erzgebirgische Weihnachtswonne;
Christgeburt im Glitzerglanz,
immer, wenn mein Herz sich härmte,
weit verwandert und verstört,
fand es sich in deinem Scheine
waldwärts, wo es hingehört!

Von der erzgebirgischen Weihnachtsseele

Im überlieferten Brauch des deutschen Weihnachtsbegängnisses läuft das Erzgebirge zweifellos allen übrigen Landschaften den Rang ab. Die Kunst, die Geburt des Christkindes so innig, so herzbewegt, so glitzerbunt wie nur irgend möglich zu feiern, ist hier seit Jahrhunderten so hoch gezüchtet worden, dass man sagen kann: Wenn nie ein historischer Christus der Welt gelebt hätte, im Erzgebirge würde seine Menschwerdung doch Jahr um Jahr immer von neuem glaubhaft bewiesen werden.

Und wie begibt sich hier die überlieferte Folge der festlichen Ereignisse.

Am ersten Advent jubeln wie allerorten die Kirchenorgeln: Er kommt! Aber hier wird das nicht nur als beglückendes Märchen hingenommen, hier zieht er auch wirklich ein: Der schlichte Waldsiedler, der noch nicht mit Haut und Haar industrialisierte Bewohner der Dörfer und kleinen Städte, steigt auf den Oberboden und holt Kisten und Schachteln herunter.

Und was packt er aus? Kleine Gestalten aus Holz, die er vor Jahren, vor Jahrzehnten aus Lindenholz geschnitzt und liebevoll bemalt hat; vielleicht hat sie auch schon der Ahne auf ihn vererbt. Maria in rotem Faltenkleid und blauem Mantel, das Christkind auf dem Schoße, Josef, die Hirten mit vielen Schafen, Ochs und Eslein nicht zu vergessen, dazu einen kleinen Herodes, dem man ohne weiteres ansieht, dass er nichts Gutes im Schilde führt, umgeben von gepanzerten Kriegsknechten. Zuweilen bringen diese Hirten auch freundliche Gaben dar, ein Lamm, einen Fisch, einen Milchtopf. Und der, der das Lamm schenkt, trägt es fein sachte um seinen Nacken gelegt. Und die Schäflein sind nicht nur simpel auf vier Beine gestellt, o nein, sie weiden, springen, schreien aus winzig roten Mäulchen, und andere liegen und ruhen sich aus, während sich eins sogar hinter den Ohren kratzt mit dem linken Hinterfuße. Aus der Tiefe einer anderen Schachtel kommen höl-

zerne Soldaten zum Vorschein in weißen Hosen, roten Jacken und mit Bärenmützen, die wie runde schwarze Knöpfe aussehen: Kurfürstlich sächsische Leibgrenadiere, die um 1800 so uniformiert waren. Sie tragen die Flinte steil im Arm, und ihre Musikkapelle bläst sich die Seele aus dem Leib auf kleinen, allerliebsten Instrumenten. Eine dritte Schachtel birgt Bergleute, schwarz mit grünen Kappen, Hacken und Beile über der Schulter; in altverbriefter Reihenfolge marschieren sie auf: Obersteiger, Steiger, Hauer, Schmiede, Zimmerlinge, auch sie von einer zierlichen Musikkapelle begleitet. Andere Wunderdinge dieser Art mögen noch in anderen Kisten stecken, Häuser und Bäume, Zäune und springendes Wild. Oder etwa Jäger auf feurigen Rossen oder gar ein Reiter auf einem Klapperstorch. Oder Kirchen, die leuchtende Fenster kriegen, sobald man Lichter ins Innere stellt. Oder lustige Geflügelhäuser, um die bunte Täubchen kreisen; man braucht nur an einer niedlichen Kurbel zu leiern. Oder Adam und Eva mit der Schlange unterm Baum der Erkenntnis. Was weiß ich alles!

Diese herrlichen Dinge nimmt nun der Hausvater zwischen behutsame Finger und forscht, wo ein Bein zerknickt, ein Arm zerbrochen, ein zackiges Hirschgeweih verloren gegangen ist. Das bessert er aus, klopft, malt, klebt, fügt wohl auch ein neues Stück dazu, hier ein Lamm in noch naturähnlicherer Stellung, dort einen Mohren zu der Dreizahl der Weisen aus dem Morgenland – denn die gehören natürlich auch in die Reihe –, und heimlich, sacht, verstohlen macht er das alles, damit seine Kinder nichts merken und damit, wie jedes Jahr, die Christbescherung voll bunter Neuheit und Überraschung sei. Dann nämlich werden diese kleinen Herrlichkeiten erst voll zu ihrem Rechte kommen: Ein Berg aus Pappe und Bleiglanz wird sich aus der Ecke des Zimmers erheben, und um seine Felsbuckel werden sich Hirten und Schafe malerisch gruppieren, während in einer seiner Vertiefungen das heilige Kind geboren wird; ein zwei-, drei-, vierstöckiger Turm aus Holz oder Blech wird sich um sich selber drehn, und auf seinen Geschossen werden die rotweißen Soldaten wandeln und die Bergleute paradieren und Maria mit Mann und Kind vor dem blutrünstigen Herodes fliehn.

„Weihnachtsberge" nennt der Erzgebirger diese eigenartigen Bethlehemlandschaften in der Ecke seiner kleinen Stube, oft kunstvoll mit Ausnützung aller Möglichkeiten über Bank und Kanapee geführt. In einigen anderen Gegenden Deutschlands kennt man sie auch und heißt sie Krippen. Ihre Heimat ist in Tirol und Italien zu suchen, wo sinnenfreudiger katholischer Kult seit Jahrhunderten kein Mittel zu gering achtet, das Weihnachtsmirakel verklären zu helfen.

„Pyramiden" nennt der Erzgebirger diese Drehtürme, deren Stockwerke als runde Platten an einer hölzernen Achse laufen, die oben in ein Flügelrad endet. Wenn nun von den Kerzen, die außen am Gestell befestigt sind, der warme Atem nach oben steigt, bewegt sich das Rad; die Achse, die Scheiben der Stockwerke drehen sich mit; und alles, was darauf steht, kreist alsbald in lautlos feierlicher Wallfahrt, während oben an der Stubendecke geheimnisvolle Schatten wimmeln. Diese seltsamen Wunderdinge hat der Erzgebirger, der ein geborener Bästler und Schnitzer ist, aus sich selber heraus geschaffen; mit ihnen steht er als ein unübertrefflicher, schöpferischer Weihnachtskünstler einzig da in der Vielfalt deutscher Landschaften. Verständlich, wenn sich's der Hausvater zur Pflicht macht, an diesen Kostbarkeiten mit jedem neuen Advent zu bessern und zu veredeln!

Während dieser herzwärmenden Arbeit aber klopfte es in vergangenen Zeiten oft an die niedrige Tür: Chorknaben kamen in der Dämmerung, die mit dem Klang alter, frommer Lieder hausierten, Bergleute, die beim Schein ihrer Grubenblenden dem himmlischen Bergfürsten aus rauen Kehlen Lob zubereiteten; es kamen, geputzt und vermummt, allerhand volkstümliche Schauspieler, die derbe Weihnachtskomödien aufführten.

Der Christbaum, das sinnige Urbild des großen Waldes, aus dessen schimmernder und nährender Nähe die Menschheit sich seit Jahrhunderten zu ihrem Schaden immer mehr entfernt hat, der Christbaum gehört nicht unbedingt in die Weihnachtstradition des Erzgebirges. Er wird ersetzt durch fantasievollste Kerzenträger, die ihr Entstehen wieder dem altvererbten Hang zum Bästeln und Schnitzen verdanken, außer den „Bergen“ und „Pyramiden“ durch Stand- und Hängeleuchter aller Art, vor allem durch lichthaltende hölzerne Bergleute, Engel und „Spinnen“.

Die Bergleute, die in allen Größen, bis über einen Meter Höhe, gebräuchlich sind, halb gedrechselt, halb geschnitzt, werden meist in Paradeuniform dargestellt. So, mit Kappe, weißem Schulterkragen, roter Weste unterm schwarzen Ehrenrock, weißen Hosen, Strümpfen und blitzenden Schnallenschuhen, die Hacke in der Faust oder, bergmännisch gesprochen, die Barte, so zogen sie einst zu Festtagen in die Kirche, einst, als noch das Erzgebirge fündig war. Vor allem Steiger und Obersteiger sahen da recht stattlich und vornehm aus, weswegen man ihre weihnachtlichen Nachbildungen hier und da auch kurz als „Steiger" anredet. Dillen tragen sie beharrlich in der einen Hand, zuweilen auch in beiden Händen, und die Kerzen, die alsbald drin aufflackern, werfen märchenhaften Schein um ihre charaktervollen Züge.

Ähnlich die Engel. Sie werden der alten Überlieferung gemäß als vollbusige, hochhüftige, langröckige Jungfrauen gebildet, denen hohe Mützen und Kronen die steile Stirn schmücken. Hier und da kann schon in einer solchen Krone eine Kerze befestigt werden. Im Rücken spreizen sich den Jungfrauen ansehnliche Flügel, grün, blau, rot, mit Sternen bestickt. Die Gewandung ist vorwiegend weiß, nicht ohne allerlei volkstümlich verschnörkelte Verzierungen. Häufig wird den Auserwählten eine bunte Schürze vorgebunden, wie die gebirgische Hausfrau zu den Festtagen ja auch über ihre wollenen Röcke eine neue Schürze knüpft.

Die „Spinnen" schließlich sind Hängeleuchter, die, teils von Holz, teils von Draht, von der Decke baumeln. Daraus, dass aus einem gedrechselten Kugelrumpf sechs, acht, zehn Arme, oft auch noch in mehreren Schichten geordnet, spinnenartig in die Luft langen, erklärt sich der Name. Die Arme tragen die Dillen. Prächtig züngeln daraus die Lichter im Kreise. Kein Kronleuchter eines Königsschlosses kann die Christnacht inbrünstiger loben.

Bergleute, Engel, Spinnen, wundervoll bodenständige Trabanten des huldreichsten Kindes der Welt! Kerzen tragende Bergleute, Engel, Spinnen, Ausgeburten einer treuherzigen Volksfantasie, die in ihrer naiven Liebenswürdigkeit aller noch so geistvoll erklügelten Kunst den Rang abläuft und eine ganz schlichte Landschaft adelt!

Näher und näher kommt die Heilige Nacht. Unter tiefem Schnee schlägt der Puls der Erwartung immer schwärmerischer, zumal sich nun auch die gebirgischen Hausfrauen mit Scheuern, Kochen, Backen an den Vorbereitungen beteiligen. Endlich frohlocken freiwillige Sängerchöre von vereisten Berghalden herab: „Der Bergfürst ist erschienen, das große Licht der Welt; er heißet Rat, Kraft, Held; auf, eilt, ihn zu bedienen –." Und zur Mettenkirche pilgert Jung und Alt durch das Dunkel der fünften Morgenstunde. Eine Frist vorher haben hier und da Sänger und Musikanten von der umstürmten Brüstung des Turmes jubiliert.

In meiner Kinderzeit kam keiner ohne ein Licht, das er dann an seinem Platze vor sich aufpflanzte. In dem glanzerfüllten Gotteshaus begeht jetzt die Kirche das Fest der Christgeburt in heiligernst überlieferten Formen mit Orgelton, Schriftwort, Kesselpauken und Trompeten, und eine begnadete Kinderstimme psaltiert die ehrwürdige Verheißung des Jesajas über die lautlos lauschende Gemeinde: „Das Volk, so im Finstern wandelt, siehet ein großes Licht, und denen, die da wohnen im finstern Lande, scheinet es helle."

Und wahrlich: Das Volk, das im Finstern wandelt, siehet ein großes Licht! Die alten Holzfäller, Spielwarenschnitzer und Fabrikarbeiter, die Spitzenklöpplerinnen und Posamentenknüpferinnen, die das Jahr lang in engen Hütten hausten, mit Kind und Kindeskind oft in einer dumpfen Stube zusammengepfercht, in Werkstätten und Maschinensälen, wo die Freudlosigkeit von kahlen Wänden grinste, sie wussten das Licht zu schätzen. Wie der Bergmann einst im nächtlichen Stollen sein Grubengeleucht als holden Freund empfand, wie er nach glücklicher Ausfahrt die Sonne als unerschöpfliche Wonnespenderin grüßte, so rann ihnen in diesen festlichen Tagen der Überschwang des Lichts zu einer einzigen großen Beseligung zusammen, die für vieles entschädigen musste.

So herrscht in manchen Dörfern und Städten auch noch die treuherzige Sitte, während der Weihnachtszeit in der Kirche ein „Bornkindel“ aufzustellen. Das ist ein holzgeschnitztes Figürlein von der Größe eines lebenden Bübchens. Meist ist es nackt. Während des übrigen Kirchenjahres wurde es in der Sakristei oder sonst wo verwahrt; jetzt wird es hervorgeholt und mit einem Hemdlein und einem bunten Mäntelchen bekleidet. So geschmückt, erhält es seinen Platz auf dem Altartisch oder an einem anderen bevorzugten Platz im Angesicht der Gemeinde. Diese grüßt es dann mit seiner kleinen Hand, die es segnend erhebt; mit der andern umfasst es meist ein kleines Abbild der Weltkugel wie einen Apfel, in den es am liebsten hineinbeißen möchte. Und zuweilen blickt es im ungewissen Kerzenschein so lieblich über Männer und Frauen und Kinder hin, dass alle meinen, es habe ihnen zugelächelt. –

Die Mette ist aus. Die Kerzen sind niedergebrannt. Alle Kirchgänger wenden sich dem Ausgang zu. Draußen liegt die Weihnachtswelt in Schnee gebettet und trotz der Morgenstunde noch immer in schwarzes Dunkel gehüllt. Wenn die Kirchgänger aber auch selbst kein Licht mehr tragen, so wissen sie doch, dass ihnen ein heller

Schein nach Hause leuchten wird. Denn sieh, alle Fensterläden sind aufgeklappt, aus allen Häusern fällt Licht auf den Weg; wundersame Vierecke aus Glanz sind vor den Heimkehrenden in den Schnee gebreitet. Wenn man genauer hinsieht, gewahrt man, dass auf allen Fensterstöcken hölzerne Bergleute und Engel stehen und ihre Kerzen nach außen halten. Und der, der sich wundert, dass in dem einen Hause mehr, in dem andern weniger Figuren zu sehen sind und im linken vielleicht sechs Engel neben zwei Bergleuten, im rechten aber nur Bergleute und nichts Anderes, der bekommt zu wissen, dass auch das eine alte, liebenswürdige Bedeutung hat. Die Anzahl der Bergleute zeigt an: So viel Jungen wachsen auf unter diesem Dach; das Vorhandensein von Engeln bezeugt: Aus diesem Hause grüßen kleine Mädchen. Und da das gesunde erzgebirgische Familientum die Sorge des Geburtenrückganges im Allgemeinen noch nicht zulässt, ist dafür gesorgt, dass keiner, der aus den Metten heimkehrt, in den Schnee zu fallen braucht.

Die Stunde der Bescherung für die Familien ist gekommen. Die goldenen Tore des Glanzes, sie brechen nun dem Ungläubigsten und Verzagtesten auf. Auf Fensterstöcken, Schränken, Simsen die Bergleute, die Engel, brennende Kerzen vor dem Leibe. An spinnenhaften Leuchterarmen von der niederen Decke herab ein Flämmchenkranz. Der „Berg", von Lämpchen umsteckt. Die „Pyramide", vom Lichteratem in feierlicher Bewegung gehalten. Dazu kuriose Männerchen, Türken, Soldaten, Jäger, Rastelbinder (slowakische Topfeinstricker), Schneeschuhläufer, denen Weihrauchduft aus rundem Munde wölkt; denn ihr Leib ist innen hohl, und man kann ihnen ein Räucherkerzchen in den Bauch hineinstellen.

Mit dem Räucherkerzenduft vermählt sich lieblicher Geruch von allerlei Leckerbissen, die das Fest verschönen helfen. Von Rechts wegen sollen neunerlei Gerichte den sonst ziemlich bescheidenen Tisch an diesem einzigen Tage im Jahr in ein wahres „Tischlein deck dich" verwandeln. Die Speisenfolge dieses „Neunerlei" steht nicht genau fest und wird von vielen durch Miteinbeziehung von Pfeffer,

Brot und Salz gern nach oben abgerundet. Ob nun aber, wie es die Überlieferung will, ein Schwein geschlachtet worden ist oder nicht, fast überall gehören Wurst und Sauerkraut und Schweinebraten mit Kartoffeln oder Kartoffelklößen dazu, außerdem „quellende“ Speisen, wie Erbsen, Linsen, Hirse oder in Milch oder Kaffee aufgeweichtes Gebäck; nach altem Glauben wird sich der Wohlstand des Einzelnen in dem Maße vermehren, wie diese löblichen Gerichte in Flüssigkeiten schwellen. Fast überall sind Butterstollen gebacken worden, Rosinen- und Mandelstollen; sie ahmen in ihrer Form ein in Windeln gewickeltes Kindlein nach. Die Sitte, schmelzendes Blei in kaltes Wasser zu gießen und aus den erkalteten Formen Schlüsse auf die nahe Zukunft zu ziehen, findet in unseren aufgeklärten Tagen freilich keinen rechten Anklang mehr, wennschon die „Zwölf Nächte“, in denen ehemals das „wilde Heer“ durch die Lüfte zog, zu allerlei buntem Volksglauben auch heute noch hier und da Anlass geben.

Dazu erschallen Lieder, die das Volk sich seit Jahrhunderten selber geschaffen und an denen es heute noch dichtet, allen voran das zehn-, zwanzigstrophige berühmte Heiligabendlied: „Heit is der heil'ge Ohmd, ihr Mad, kummt rei, mer gießen Blei –.“ (Heut ist der heilige Abend, ihr Mädchen, kommt rein, wir wollen Blei gießen.) Dieses Lied ist so bodenständig, anschaulich, es gewährt einen so aufschlussreichen Blick in die erzgebirgische Weihnachtspsyche, dass es auch für die anderen deutschen Stämme (und nicht zuletzt als Mundartprobe) hierher gesetzt sei:

Heit is der heil'ge Ohmd

Heit is der heil'ge Ohmd, ihr Mad, kummt rein, mer gießen Blei.
Lob, laf när gleich zer Hannelies, die muss bezeiten rei.
Tra la, ta rallala, tra la, ta rallala, tra la la, ta rallala, ta rallala la la!

Do druhm unner der Hihnersteig, do liegt ne Lob sei Blei.
Na, rassel net ze fehr dermiet, sist wärd der Krienerts schei!

Sat har, ihr Mad, das gruße Licht fer zwe-ezwanzig Pfeng,
mer hom's nei in e Tüppel gestellt, dr Lechter is ze eng.

Lob, tu a mol den Schärbel ro, der uff ne Ufen leit,
un zünd e Racherkerzel a, doss nach Weihnachten reicht.

Christ, brock e Sammelmillich ei, nasch ober net dervu;
ihr Kinner, werft kann'n Respel ro ins Heiligohmdtruh!

Na, sat nar die sechs Butterstolln, su lang wie de Ufenbank!
Un wenn mr die gegassen ham, do sei mr alle krank.

Mer ham a Neinerlei gekocht, a Worscht un Sauerkraut;
mei Mutter hot fiech ohgeplagt, die alte gute Haut.

Zu Heiligohmd im Mitternacht, do läft statt Wasser Wei,
un war siech do net farchten tut, dar hult s'ch ne Tupp vull rei.

Fried, hul a mol de dr Hannelies 'n Voter e Kann Bier,
un wenn de kimmst, do singe mer: Ich freie mich in dir!
Tra la, ta rallala, tra la, ta rallala, tra la la, ta rallala, ta rallala, la la!

Und als erlauchtestes aller erzgebirgischen Weihnachtslichter flammt ein einzelnes, bedeutungsvoll abgesondert in zinnernem Gestell, das Heiligabendlicht. Es darf nicht verlöschen, wenn's einer dem andern neben den Teller schiebt; denn dann kann's das Schicksal wollen – o Herzeleid –, dass der das holde Fest nicht noch einmal mitfeiert im seligen Kreise.

Ein Schein, begütigend, verklärend, versöhnend, fällt aus diesen Stunden auf das ganze Jahr, rückwärts, vorwärts, ein Strom neuer Daseinsfreudigkeit und gestrafften Lebenswillens verteilt sich auf die graue Zahl mühsamer Werktage, die mit Eulenaugen um die festlichen Flammen hocken.

Aufmarsch der Weihnachtsgestalten

Bergmann und Engel mit Lichtern

1

Der Bergmann:

Im Bauch des Bergs, dem frischen Licht verhohlen,
verzweigen sich und kreuzen sich die Gänge,
da edle Erze ziehn in prächtigem Gedränge
und mindre Schätze, Kobalt, Wismut, Kohlen.

Der Bergmann mutet sie, treibt Stoll'n und Fahrten,
sinkt hundert und mehr Lachter mitternächtig,
zwängt sich in heiße Klüfte, todesnah und schmächtig,
und müht sich ab mit Hauen und mit Barten.

Fundgrübner und Beförderer der Gaben,
daraus der Geist sich seine Erde baut!
Es grüßt der Bruder seine Ausfahrt lustig laut:
Getrost, wenn wir nur Erz und Kohle haben!

So steh ich da, ein Symbolum vieldeutig
der Kraft, ans ew'ge Wachstum der Natur gebunden,
des tausendfält'gen Stoffes, den von unten
der Menschenwille hebt, bewusst und freudig!

Ich wühl und wirke männlich im Revier ...
Das andre alles lass ich diesem hier!

Der Engel:

Der Geist, der Kraft und Stoff mit starken Schwingen
begabt, zu fittichen über sich selbst hinaus,
ein Engel, schweift er über Markt und Haus,
ein Engel, des die alten Märchen singen.

Der Mensch lebt nicht vom Brot allein! So mahnen
verklärte Bücher, und sie mahnen gut.
Es bohrt ein Kletterdrang im schweren Blut,
ins Lichte aufwärts Fahrt um Fahrt zu bahnen.

Und Wünsche, die die Welt wie Segel fächeln,
Sehnsüchte, die ins Ewige entstürmen,
Erzengel sind's, die neue Himmelsburgen türmen
und einer neuen Erdeneinfalt lächeln.

So steh ich hier, vieldeutiges Symbol
und Inbegriff der Mächte, die das Leben
über der Körper eng geschnürte Grenze heben
und benedei'n zu einem höhern Wohl.

Und alles bin ich: Schritt und Sprung und Ruder!
Und gar nichts bin ich ohne meinen Bruder!

2

Der Bergmann spricht:

Ich komme von unten,
steig wieder hinunter,
nach Schätzen zu schürfen,
nach edlem Metall.
Da unten ist's dunkel
und dumpf und verworren.
kaum blitzt durch die Gänge
mein freundliches Licht.

Ich hacke und schaufle,
ich bohre und wühle;
das letzte Geheimnis
entreiß ich dem Grund. –
O steigt in die Tiefe,
o ringt mit dem Erdgeist!
Im nächtlichsten Dunkel
karfunkelt sein Herz!

Der Engel spricht:

Ich komme von oben,
fahr wieder zum Himmel,
geflügelter Bote
befittichter Schar.
Da oben ist's heiter,
da tanzen die Sonnen.
Dies Licht nur ein Fünkchen
des seligen Scheins.

Doch leucht ich euch gerne
und lehre euch schweben:
Ein jeder hat Flügel,
sobald er dran glaubt.
O hebt euch ins Heitre,
o schwingt euch in Gottes
Sperrangelweit offene Türen.
Glückauf!

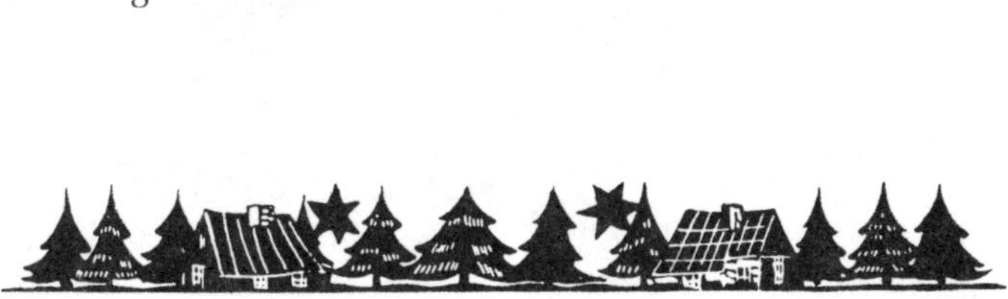

Parade der Holzsoldaten

Links rechts, links rechts,
links rechts, links rechts,
Bärenmützen,
Schnurrbartspitzen,
Platzpatronen,
blaue Bohnen,
rote Jacken,
gelbe Zacken,
weiße Hosen!
Ja, die großen
Leib- und Gardegrenadiere!

Links rechts, links rechts,
links rechts, links rechts,
präsentieren,
exerzieren,
manövrieren,
biwakieren,
in Quartieren
scharmuzieren!
Ja, wir blanken,
langen schlanken
Leib- und Gardegrenadiere!

Links rechts, links rechts,
links rechts, links rechts,
Trommeln, Pfeifen.
Fahnen schweifen.
Rosse stampfen.
Auf zum Kampfe!
Bums, da kracht es!
Ha, was macht es?
Keine Miene
zuckt den kühnen
Leib- und Gardegrenadieren!

Räucherkerzchenmänner

Der Soldat

Ei, du geliebte Tabakspfeife,
dich lobt Soldat und Sipomann.
Wenn ich von dir Besitz ergreife,
wärmst du mir gleich die Nase an.

Pfeifendeckel auf und zu!
Ei du, ei du, ei du, ei du,
du wärmst so schön die Nase an.
Hatschi!

Der Türke

Ich bin der Sultan Soliman –
man sieht mir's schon von weitem an –
ich hab dreihundert Frauen,
die ärgern mich oft gar zu sehr
und lamentieren kreuz und quer
und machen mir das Leben schwer.
Dann nehm ich meine Pfeife her
Und lass sie – p – miauen
Und blas – p –, was ich blasen kann,
und denke – p –, was geht's dich an?
Ich bin der – p – p – Soliman,
der macht sich da nichts draus – p – p –
p – p – nu ist die Pfeife aus!

Der Rastelbinder

Er:

Servus, Vater, Mutter, Kinder!

Die Kinder:

Guten Tag, Herr Rastelbinder!

Er:

Mausifalli, Rattifalli,
alles, was Sie habe wolle,
Pfännle, Töpfle, Näpf und Tiegel,
Stürzen, Löffel, Kleiderbügel.
Einzustricken Form und Fass!
Gute Mutter, kauf Sie was!

Die Mutter:

Mäuslein hat die Miez zerrissen.
Ratte hat der Spitz gebissen.
Nichts zersprungen, nichts zerbrochen,
dreizehn glatte Töpf' zum Kochen,
reichen noch bis nächsten Winter,
brauche nichts, Herr Rastelbinder!

Karl Stülpner, der kühne Raubschütz

Grün wird der Wald
jeden März.
Grün ist mein Wams
und mein Herz!

Pulver und Büchsenknall!
Der Wald ist mein Hasenstall.
Sonne, Mond und Stern'
sind meine Latern.

Alle Hirsch' und Reh
gehörn mir.
Bis weit nach Böhmen 'nein
Geht mein Revier.

Grünröck' und Militär
sind artlich hinter mir her;
in ganz Kursachsen und Pol'n
soll sie der Teufel hol'n!

Im ganzen Gebirg
keine Katz, die mich nicht kennt:
Ich bin der Stülpnersch-Karl,
Kreuzelement!

Zeit der Wunder

Mit euch, ihr kleinen bunten Holzfiguren,
mit denen meine Mutter schon gespielt,
beginnt die Zeit der hohen Weihnachtswunder.
Der Dünkel, der mein Herz gefangen hielt,
und alle Angst vor atemlosen Uhren
fällt ab von mir wie ein überlebter Plunder.

Nehm ich mein altes Spielzeug in die Hände,
fass wie ein Kind ich zu der Welt Vertraun,
ein Kind, so fang ich wieder an zu fühlen.
Und siehe, die gottseligste der Fraun,
die Ew'ge Mutter, wandelt durchs Gelände,
mit allen ihren Kindern hold zu spielen.

Der Zappelmann

Zieht einer mich am Strick,
tanz ich im Augenblick.
Du denkst: Der arme Wicht!
Das tut ein Mann doch nicht!

O weh, mein lieber Franz,
auch du drehst dich im Tanz.
Meinst du, dass man nicht sieht
den Strick, dran „Es" dich zieht?

Vor einer kleinen hölzernen Reitschule

Vier kleine Reiter
aus Holz,
hopp hopp hopp – heiter
und stolz
auf einem Brettchen
im Kreis.
Und ein Menuettchen
klingt leis.

Willst du das Wirbelchen
sehn,
musst du ein Kürbelchen
drehn.

Ping ping ping – eilig
und dünn.
Mir wird so heilig
zu Sinn. –

Seidene Dame
im Pelz,
rühr'n Sie's nicht an,
Sie entstellt's!
Baruch und
Kompanie,
fort, das ist nichts
für Sie! –

Vier kleine Reiter
im Rund.
Ping ping – nichts weiter;
und bunt!

Stolpernd Gestümper –
o Glück!
Krauses Geklimper –
Musik!

Lauten und Lieder
gelind!
Nun bin ich wieder
Kind!

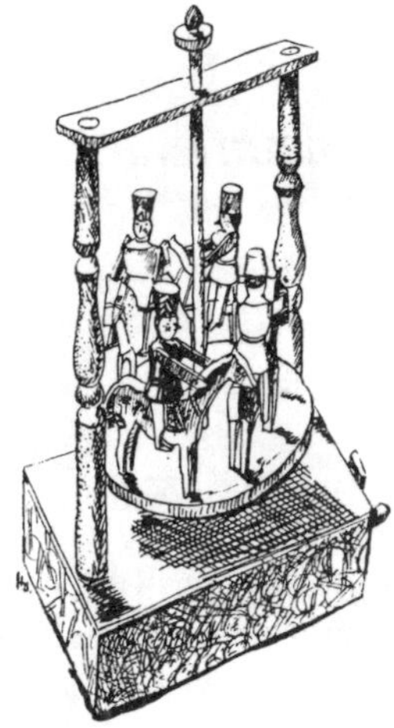

Der Pflaumentoffel

Hunderttausend Toffel
Stolpern durchs Weltenreich.
Leider kommen nicht viele
mir gleich:
Auswendig Schrumpeln und Runzeln,
inwendig Schmunzeln.
Ich bin nur ein kleiner schwarzer Rüpel,
aber ich bringe Glück und schmeck nicht übel.
Und was ein feiner Mann ist, der frisst mich nicht gleich!

Klapperstorch mit Reiter

Im Schnabel die Schlechten,
aufm Buckel die Rechten,
grüß Gott, du gutes Klappertier!
Storchenreiter,
Rumpelschneider,
soll's denn heut noch rumpeln hier?

Windelkindel, leichte Ware!
Weißt du, dass du bald zwei Jahre
nicht bei uns gewesen bist?
Rumpelschneider,
Storchenreiter,
bring uns eins zum heil'gen Christ!

Oder lieber zweie zum Aussuchen,
gelle?

„'s hot gerumpelt", das bedeutet im kinderreichen Erzgebirge: Es ist ein kleines Kind angekommen. Die guten Kinder, behauptet die Überlieferung, bringt der Storch auf dem Rücken, die schlechten im Schnabel. – „Gelle" heißt so viel wie: Nicht wahr?

Drei Feld-, Wald- und Wiesenleute

Der Förster
Ein Biedermann von altem Schrot und Korn,
so zieht er seine Spur durch Busch und Dorn;
es kennt der Wald sein Husten und sein Schnauben.
Mit seiner Tabakspfeife treu vermählt,
ist er ganz groß, wenn er vom Bau erzählt,
doch braucht ihr ihm nicht alles gleich zu glauben.

Der Treiber
Es lässt sich schwer beschreiben,
wie er beim großen Treiben
mitwirkt. Kumpane hat er sieben.
Dass sie ihn angeschossen,
das hat ihn sehr verdrossen.
Fürwahr: Er treibt und wird getrieben!

Der Schäfer
Er ist zwar nicht der Schäfer Ast,
doch hat auch er sich stark befasst
mit Doktorei naturbeflissner Art.
Im Schießen und im Angeschossenwerden
Erblickt er nicht das letzte Glück auf Erden:
Als Philosoph bewohnt er seinen Bart.

Das lustige Weihnachtslied

Wenn's Weihnachten ist, wenn's Weihnachten ist,
da kommt zu uns der Heilige Christ,
da bringt er eine Muh, da bringt er eine Mäh
und eine schöne Tschingteretätä.
Ei, ei, Weihnacht, Weihnacht ist ein schönes Fest, juchhe,
ei, ei, Weihnacht, Weihnacht ist ein schönes Fest!

Wenn's Zuckerstangen friert, wenn's Zuckerstangen friert,
da kommt er lustig anspaziert,
da bringt er eine Hü, da bringt er eine Hott
und einen Gruß vom lieben Gott.
Ei, ei, Weihnacht – – –

Und hinter ihm eija! Und hinter ihm, eija!
Geleucht und Kling-Klang-Gloria:
mit Lichtern in der Hand, mit Lichtern in der Hand
der alte fromme Bergmannsstand.
Ei, ei, Weihnacht – – –

Die Pfefferkuchenfrau, die Pfefferkuchenfrau
mit ihrem Mann aus Olbernhau;
er knackt ihr eine Nuss, er knackt ihr einen Kern
und hat sie, ach, zum Fressen gern.
Ei, ei, Weihnacht – – –

Und Engel hinterdrein, und Engel hinterdrein
im Glitzerglanz und Kerzenschein,
die singen: Valeri, die singen: Valera,
der liebe Heil'ge Christ ist da!
Ei, ei, Weihnacht, Weihnacht ist ein schönes Fest, juchhe,
ei, ei, Weihnacht, Weihnacht ist ein schönes Fest!

Die Pyramide

Zuerst war's nur ein kleiner Turm aus Holz,
dran Kerzenflackern sich nach oben schwang,
sodass der volle Blick geblendet schmolz
vor Glitzerglanz und Blinkern blanken Golds,
bis er von neuem durch die Wimper drang.

Dann überraschte ein Vorüberkreisen
von vielen Dingen, die sich bunt verteilten
an vier Geschosse. Wie in Rundgeleisen
ging Mann und Frau und Kind und Hund auf Reisen,
erschienen lautlos, eilten, weilten, eilten!

Ein Flügelrad, gerührt vom Flammenhauch,
schuf die Bewegung oben im Gestühl.
Es schweiften seine Flügelschatten auch;
sie huschten an der Decke hin wie Rauch
und wimmelten, ein wundervolles Spiel.

Danach beglückten hundert Einzelheiten:
Bergleute brachen auf aus ihren Schächten.
Holzhacker. Jagd und Jäger. Lämmerweiden.
Und unten floh mit seinen Eltern beiden
das holde Kind vor seinen Henkersknechten.

Zuletzt war alles sinnverwirrter Drang,
der heil'gen Traum in alte Einfalt wob.
Ein Chor von hingeriss'nen Hirten sang,
indes der Engel sich zur Erde schwang
und alles Volk auf seine Schulter hob.

Du aber lagst davor, ein Wonneschnaufen,
Kind, nichts als Kind, und um dich großer Schein:
Es holten des Verfolgers dunkle Haufen,
und mochten ewig sie im Kreise laufen,
niemals, du sahst's, das Heil der Erde ein!

Die kleine Pyramide

Wenn
die kleine Pyramide
leise ihre Flügel regt,
fühl ich, wie der große Friede
auf mich seine Hände legt

und wie meiner Kindheit Gnade
wieder sich auf mich besinnt,
wenn die alte Bergparade
ihren stillen Gang beginnt.

Der Raubschütz und der Esel des heiligen Josef

Jahre zogen vorüber. Die Schlüsselblumen blühten gelb am Hang. Unbeschreiblich blitzte dann und wann über Berge weit das Kumtblech eines Pferdes. Die Lastwagen keuchten aufs Neue in den leergetauten Passstraßen. Dort, wo die Forste ihre Schatten in die Täler schoben, färbte sich das Bauernland grün und gelb. Tausendfältiges Gespross von Moos, Gräsern, Farnen schoss den alten Bäumen zwischen den Wurzeln auf. Die Peitsche der Blitze knallte um die Höhenrücken. Donner walzte die Wälder. Regengüsse, die erst schräg blau über entfernten Tälern gehangen hatten, warfen sich ins Genadel mit spitzen Pranken und Zähnen, wie Luchse sich dem Wild in den Nacken werfen. Dann überspülte rotes Laub die Wege. Am Ende deckte wochenlang stiebender Schnee die Dörfer und kleinen Städte zu, sodass die Siedler in einem fort die Ölfunzel brennen mussten und sich Höhlengänge wühlen bis zur Tür des Nachbars.

Der Raubschütz Karl Stülpner hatte das Hemd über der braunen Brust aufgerissen, schweißtriefend nach langer Hatz, oder es klirrten ihm Eisnadeln im kleinen Bart, je nach der großen Uhr, die einer, der über der Welt stand, drehte. Er wucherte zäh und unverwundbar in sein Greisenalter hinein, kaum, dass ihn die Jahre am Hals ein wenig vornüberzogen. Nur neben den Schrotkügelchen, die in seiner Stirn saßen, buschten jetzt graufilzig die Brauen, und der Haarschopf quoll struppig weiß unter der Mütze vor wie ein Strohdach, das der Frost zerfressen hatte.

Er kam selten noch unter die Menschen. Er nahm auch keinen Anteil mehr an ihren Schicksalen. Seine ganze letzte Liebe gehörte eigentlich nur noch den Tieren, so wild er die auch verfolgte.

So erklärte sich folgende Begebenheit:

Um ein Weihnachtsfest herum strich der Stülpner hinter den Laternen einer „Engelschar" drein. Vermummte Leute gingen, in Bettlaken gehüllt oder in Karnickelfelle, mit falschen Bärten und Papierkronen. Sie stellten Hirten und Engel dar und wollten das Spiel von Christi Geburt spielen. Einen Mülleresel führten sie mit, drauf quer in bunten Tüchern ein junger Bursche saß, der die Maria darstellte. Bucklig trottete Josef hinterdrein. Ein täppischer Ruprecht mit Rute und Äpfelsack schnaufte daneben. Es war wenige Tage nach der Christnacht, in welcher Zeit sich auch bereits „Königsscharen" von Haus zu Haus schoben, die willens waren, das ebenso alte Spiel vom Besuch der Weisen und den Kindermord aufzuführen. Seit mehr denn hundert Jahren stellten gewisse Dörfer allwinterlich ihre „Engelschar", andere ihre „Königsschar", und Neid und Eifersucht zündelten nicht selten zwischen den volkstümlichen Schauspielern herüber und hinüber.

Der Zufall wollte, dass diesmal im Laternengeflacker eines Hoftors bereits die Weisen vor einer Christpuppe ihre Sprüche aufsagten und ein dickwanstiger Herodes

schon blutgierig die Zähne bleckte, als die Engel der andern Schar erst die heilige Geburt verkünden wollten. Da nun hier in der Tat eine bejahrte hartnäckige Fehde in der Schwebe hing und zum Überfluss gar noch der Mohrenkönig der einen Partei in dem Eselführer der andern einen verhassten Widersacher entdeckte, so blieb's nicht lange bei hämischen Seitenblicken und bissigen Stichelreden. Ehe sich's die Maria versah, war sie von ihrem Grautier gestoßen. Der Josef, der seinen Widersacher ebenfalls erspäht hatte, hieb munter auf den Schwarzen los. Herodes kriegte den Ruprecht zu packen, sein Hauptmann den Engel Gabriel. Das Christkind kugelte in den Schnee. Nun mischten sich auch die Zuschauer ins Handgemenge, und durch das allgemeine Gelächter, Johlen und Brüllen schrillte klägliches Geschrei des Esels, den die Parteien zwischeneinander hin und her zerrten.

Der Stülpner stand abseits und blickte eine Weile spöttisch in den unheiligen Graus. Als aber das Geschrei des gequälten Tiers immer jämmerlicher gellte und er sehen musste, wie sie es an Schwanz und Ohren malträtierten, kriegte er seine bösen Augen. Er sprang in den Tumult, brüllte, schlug Engel und Kriegsknechte zu Boden und entriss das wehrlose Geschöpf seinen Peinigern.

Unheimliche Stille entstand. Alles starrte mit offenen Mäulern. Inmitten zuckender Lichter die Spukgestalt eines riesigen Jägers, dem die Nüstern flogen!

Da erkannten sie ihn. Wie ein mächtiger Jagdhund stand er sprungbereit. Manche erzählten nachher, sie hätten ihn auch wie einen Jagdhund grollen hören. Sie rafften lautlos ihren verstreuten Kram zusammen und drückten sich in die Nacht, die Engelschar dahin, die Weisen und Herodesleute dorthin. Nur das biblische Elternpaar verweilte scheu hinter der vereisten Hecke wegen des Esels. Da gab dem der Jäger einen gelinden Schlag. Das Tier schüttelte sich ermutigt und trollte mit vorwurfsvollem I-a seinem Josef zu. Nun lachte der Stülpner sein großes, berühmtes Gelächter, dass der Schnee von den Firsten rieselte und an den Dachtraufen die Eiszapfen klangen.

Der kleine Melchior und das Weihnachtskind

Zu Schneeberg in Sankt Wolfgangs Raum
ragt rätselhaft und wunderbar
als bildgewordner Kirchentraum
der Prunkaltar.

Vermacht aus Lukas Cranachs Tagen,
ist bunt auf manchem Schild zu sehn,
wie sie den Heiland ans Kreuz geschlagen
und wie er sieghaft tat auferstehn.

Auch das Abendmahl und das Jüngste Gericht
schimmern in vierfach gebrochenem Licht.
Und über dem Zähneklappern und Heulen
der Gnadenlosen, von jauchzenden Seelen umreiht,
das Symbolum der Dreifaltigkeit,
staunend getragen von sechs korinthischen Säulen;
und wieder darüber in gläubig gelinder
Gloriole die Taube des Geistes und Flügelkinder;
ganz oben aber im äußersten Spind
der Zinne das liebe Weihnachtskind.
Jahrhunderte saß es, wo's strahlend sitzt:
Einmal ist es herabgeflitzt. –

Und wieder strich der fromme Knecht durchs Holz.
In Christlegenden
versponnen sann die alte Silberstadt.
Der Weihnachtskronschatz, glitzerfarbensatt,
war schon in allen Händen.
Da standen weiße Engel an den Wänden,
die Bienenwachs zu Flammenkränzen hoben;
da standen, räucherkerzenduftumwoben,
Bergleute mit geputzten Grubenblenden.
Drehtürme kreisten, zier und sonderbar,
besetzt mit Hirten, Schäfchen, Paar um Paar.
Da glomm im Winkel der Kometenstern
über der Geburt des Herrn.

Wachsstöcke blakten in bemaltem Bleche,
und feierabends schob von Tor zu Tor
mit Liedern und Laternen sich der Knappenchor
der Sankt Georgenzeche.

Über Stirnen und Herzen
lag schon der Schein verzückter Christbaumkerzen.
Die großen Leute schauten so milde,
verschwärmt juchheite die Kindergilde.
Und der sich am tiefsten ins Glück verlor,
das war der kleine Melchior.
War er doch berufen zu seligen Dingen:
Er sollte dem Himmelskind Grüße bringen,
er sollte nach uralt sinnigem Brauch
in Glorienglanz und Opferrauch
die Weissagung allein vom hohen Chore singen.

So kam die heilige Mitternacht,
so kam die Frühe. Die Wolfgangsglocken
begannen ein Hallelujafrohlocken.

Glänzende Augen kriegte der Schacht,
glänzende Augen kriegten die frostverkühlten
Häuser. Zitternde Lichtlein wühlten
empor zur Kirche. Dröhnend rollte vom Turm
ein brünstiger Posaunensturm.
Und Knabenstimmen jubelten Lob und Dank.

Der kleine Melchior aber lag fieberkrank.
Ein neidischer Schneeball, zu einem Stein vereist,
war seiner Schläfe schmerzvoll vorübergestreift.
Nun eiferte irr sein kleiner Geist:
Aus zerwühlten Kissen
ward er gerissen
hinaus in die Winterkühle,
hinauf zu Sankt Wolfgangs knarrendem Orgelgestühle.
Da stürmte er vor an das Schnörkelgeländer
zwischen Geiger und Bläser und Notenständer,
da sah er die güldnen Emporen entlang
und atmete tief und atmete seligbang
und ward ein Klang. –

Drei Taler, sagte das greise Legat,
drei Taler zahlt ein löblicher Rat
jedem Buben, der am Weihnachtstag
die Weissagung lieblich singen mag.
Drei Taler! Die sollte die Mutter haben –
der Vater lag lang in der tückischen Zeche begraben –
drei Taler! Da sollte die Mutter kaufen
Kleider und Schuhe und einen ganzen Haufen
Lambertsnüsse und Anisrollen
und einen ellenlangen Rosinenstollen,
und für den Bartel eine Schlittenglocke
und dem Minchen eine Nürnberger Docke
und dem kleinen Stoffel
einen Pflaumentoffel
und einen – Hei, dein Schneeball trifft ja nicht!
Pass auf, jetzt schieße ich! – – Mein Mettenlicht!
Mutterchen, wo ist mein Mettenlicht?

Ich muss nun fort! Die Zeit ist da!
Der Herr Kantor macht schon ein sauer Gesicht.
Herr Kantor, Herr Kantor, hier bin ich ja:
‚Das Volk, so im Finstern wandelt,
siehet – ein großes – – Licht –'

Zu Tag geworden war die Kirchennacht.
Von tausend Flämmchen flimmerte der Raum.
Die Bergbelegschaft stand in Wichs und Pracht
vorm Flügelaltar unterm hellen Tannenbaum.
In edlen Stühlen saß der Magistrat
und alles Volk in Jugendglück und Festtagsstaat.
Die Kerzenschwaden schweiften feierlich,
und eine Weihrauchwolke strich
vom Musikantenstand bis um das Altarhaus,
und nur das liebe Weihnachtskind sah oben noch heraus.

Die Mettenglocken waren schon verklungen,
schon hatte die Gemeinde lobgesungen,
mit Tubatönen schwoll das Gloria:
noch immer war der kleine Melchior nicht da.
Der Kantor sah voll Zuversicht
zum Sängertürlein. Doch es knarrte nicht.
Dem Greis begann das Herz zu klopfen.
Das Gloria verstob. Der Raum lag stumm;
Man hörte das Wachs von den Kerzen tropfen.
Die Frauen drehten sich tuschelnd um.

Da stand auf einmal vorn am Chor
ein blondes Kind, just wie der kleine Melchior,
und lächelte mild und sah den schreckverstörten Mann
mit abgrundtiefen Augen an.
Dann hob es das Stimmlein zu trunknem Akkord
und intonierte das holde Jesaiaswort:
„Das Volk, so im Finstern wandelt,
siehet ein großes Licht,
und denen, die da wohnen im finstern Lande,
scheinet es helle!" – – –

Und eine unaussprechlich süße Wohllautwelle
schmeichelte ins Schiff wie Fließen aus kristallner Quelle,
spielte um Kapitäl und Schaft
der Säulen unirdisch und sonnenhaft,
brandete empor an den erstaunten
Mauern, die ein scheues Echo raunten,
kräuselte um die Dreifaltigkeit
des Altarbildwerks und das Engelgeleit.
Und die Engel lachten tief innerlich,
und die wispernden Putten freuten sich,
und die Evangelisten und klugen Propheten
buckelten in frohen Gebeten.
Nur das Weihnachtskind über dem Weihrauchmeer
konnte nichts sagen, denn sein Platz war leer.

Und die Männer und Fraun in den fichtenen Bohlen
der Bänke vergaßen das Atemholen.
Die Knappschaft unter den Christbaumlichtern
prahlte mit Apostelgesichtern.
Einem ehrsamen Rate verstohlenerart
tropften die Tränen in den Bart.
Und der Greis inmitten der verwunderten Kurrende
faltete tief aufschluchzend die Hände.
Das Kind sang heiter Satz für Satz
Die fromme Weise und grüßt am Altar den kahlen Platz. –

Als sich dann auftat Tür und Tor,
nickten die Alten, schwärmten beseligt die Jungen:
so schön hat noch keiner gesungen
wie unser kleiner Melchior!

Der aber hob am späten Mittag erst die Lider
und schaute um sich wie aus Träumen weit.
Da kam ein Bote just der hohen Obrigkeit,
zählte ihm sechs Taler vor und meldete bieder:
Dieweil er allem Volk das Herz bewegt,
hab ihm der Magistrat drei Taler zugelegt.

Und am Flügelaltar im äußersten Spind
saß wieder wie sonst das liebe Weihnachtskind
und lächelte – – –

Adam-und-Eva-Legenden

Unter einem Baum mit Äpfeln
standet ihr, ihr kleinen Sünder.
Paradies, Paradies!

Was ihr aus den Zweigen pflücktet,
scheuchte euch von Gottes Thron.

Unter einem Baum mit Äpfeln
stehn nun eure Kindeskinder.
Paradies, Paradies!

Aus den dunklen Zweigen pflücken
sie das Herz von Gottes Sohn.

Das Bornkindel bei den Bergleuten

Als Josef und Maria mit dem Kinde und dem Eslein vor Herodes fliehen mussten, kamen sie auch ins Erzgebirge.

Das war damals noch eine arg wüste Gegend: viel Wald, wenige Menschen, keine Krume Ackerland. Nur hier und da saßen auf Hügeln kleine braune, spitze Türme wie Räucherkerzchen. Das waren die Kauen und Zechenhäuser, unter denen, Maulwürfen gleich, Berghäuer ins Innere der Erde krochen und mit Schlägel und Eisen nach gediegenem Silber wühlten.

Zu der Stunde, da die Flüchtlinge gezogen kamen, war auch von den Kauen nicht viel zu sehen, oder sie hockten wie grämliche Salzhäufchen; denn es war alles tief verschneit. Das Eslein schnaufte grob, und Josef machte Stapfen wie ein Tanzbär. Er brummte. Nur Maria saß mild in ihrem blauen Tuche und blickte lächelnd auf ihr Kind. Das schlief.

Ein Tag, der gar kein richtiger Tag gewesen war, ging zur Neige. Es fielen Flocken, und der Himmel bog sich vor Schnee.

Bald aber hing am Himmel nur noch eine schwarze Finsternis; und wenn der Schnee nicht ein wenig geblendet hätte, hätten sie nicht die Hand vor den Augen sehen können.

Josef brummte nicht mehr, er schimpfte. Was das hier für eine mordsmäßige Beleuchtung wäre und überhaupt, was für eine gotteslästerliche Gegend! Maria musste ihm gut zureden, damit er das Kind nicht aufweckte.

So mühten sie sich weiter, Schritt für Schritt. Stunden vergingen. Sie kamen an kein Haus und an keinen Feuerschein.

Die Finsternis war jetzt so dick, dass sie vor ihr die Augen schlossen. Ja, wenn sie ihre helle Laterne gehabt hätten! Der war aber schon die Nacht vorher das Öl ausgegangen. Es war eine traurige Wallfahrt.

Plötzlich machte das Eslein einen Satz, fiel in die Knie, und Mutter und Kind lagen im Schnee. Josef aber stand und fluchte wie ein Bürstenbinder.

Natürlich wurde davon das Büblein wach. Als es die Augen aufschlug und nichts als Dunkel und Kälte spürte, dazu Flocken, die ihm spitz gegen die Wangen tippten, fing es zu Weinen an. Es weinte und wollte sich nicht trösten lassen. Es bebte vor Furcht und Schreck. Und das Weinen schnitt durch die seelenlose Welt wie eine Sichel des Todes.

Auch der Mutter quollen die Tränen.

Josef fuhrwerkte eine Weile mit dem Grautier herum, das keine Miene machte, aufzustehen. Am Ende war er ganz heiser vom Wirtschaften. Er riss sich den halben Bart aus und greinte vor Zorn.

Nachher duckten sich die drei, ein Häuflein Elend, im rieselnden Eis zusammen; und Nacht und Kälte und Dunkel deckten sie zu.

Auf einmal war es, als wenn in der Ferne ein Sternchen aufglühte, ein Sternchen, das ein wenig hüpfte und sprang. Näher und näher kam das hüpfende Sternchen, wahrlich, es kam auf sie zu. Und als es dicht bei ihnen war, siehe, da war es ein Bergmann, der seine Grubenblende vorn am Gürtel trug. Und mehr und mehr solche Sternchen kamen zuhauf, Laterne an Laterne: Bergknappen und Häuer, die in der ersten Morgenstunde zur Schicht gingen!

Da versiegten den Eltern die Tränen. Da jauchzte das Kind und patschte mit den Händen nach dem guten Licht. Da schob sich der Grauschimmel empor und schnoberte.

Die bärtigen Knappen aber starrten mit offenen Mündern auf die drei seltenen Gäste der Nacht: Ei, was für ein beschneiter Zottelbart! Ei, was für ein verfrorenes Mütterchen! Ei, was für ein glitzerndes Kind!

Sie nickten einander zu, nahmen die Fremden bei der Hand und leiteten sie fürsichtig gegen ihr Zechenhaus.

Holla, was warfen ihre Blenden für wunderliches Geleucht in den Schnee! Das Kindlein zappelte, zwitscherte, girrte im Mutterarm. Und sein Lachen schwirrte durch den Frost der Welt wie eine Frühlingslerche. –

Jahre nachher haben die Knappen noch das Lachen gehört. Nachher wussten sie auch, wer die Frau und der Mann und wer das Kind gewesen.

Sie lebten von der Erinnerung und wurden schön und fromm dabei. Sie badeten sich in dem Würdeschein des Kindes, je älter sie wurden, und gaben an ihre Enkel die Botschaft des Glanzes weiter. Sie schnitzelten mit ihren Grubenmessern das Englein aus Holz, damit's nie vergehen möchte, und stellten's im heiligen Advente auf. Und weil es ihre Blenden gewesen waren, denen das süße Gelächter entgegengejauchzt hatte, schnitzten sie auch Bergleute dazu, gaben ihnen Lichter in die Hände und stellten sie daneben. –

So stehen heute noch Bergleute und Engel aus Holz, Kerzen tragend, in jedem Haus des Gebirges zur Weihnachtszeit. Und wer tief in sich geht, der kann ein Kind durch das Flämmchenflackern hindurch silbern lachen hören.

Bornkindel

Bornkindel in der Kirche steht,
wenn Mann und Frau zur Mette geht
und wenn mit Engels Flügelschwung
vom Chor sich schwingt die Weissagung.

Es kennt die Kirche seit altem Jahr,
das Schiff, die Orgel, den Altar,
es kennt die süßen Melodien,
die mit dem Schwall der Kerzen ziehn.

Jedoch die Gemeinde auf ihrem Platze,
der Herr Kantor mit der Apostelglatze,
sogar der Herr Pfarrer im schwarzen Hemd,
die sind ihm fremd.

Das macht, die wechseln die Gesichter
und schwinden hin wie Christbaumlichter,
das macht, die tauschen die Gestalt
und altern ohne Aufenthalt
von Weissagung zu Weissagung. –

Bornkindel bleibt jung.

Der Nussknacker und die Pfefferkuchenfrau

Beim alten Pinkert, dem Spielzeugmacher, arbeitet die ganze Familie mit. Der junge Pinkert, der Sohn, drechselt Figuren aus Holzstücken (denn die Pinkerts machen am liebsten Figuren, lieber als Häuser, Bäume und Eisenbahnzüge), seine Frau schnitzelt sie zurecht, Karl, der große Junge, klebt an, was anzukleben ist, der Großvater bemalt die Leutchen mit bunten Farben, und der kleine Willi sammelt sie und stellt sie zum Trocknen auf die Ofenbank. In der Zeit vor Weihnachten werden auch gelegentlich Räucherkerzchenmänner mitgefertigt, Rastelbinder, Türken, Jäger, Bergknappen; und der alte Pinkert macht dann am liebsten Nussknacker, stattliche Männer in bunter Märchentracht, die mit den Zähnen krick-krack machen können, wenn man ihnen eine Nuss in den Mund steckt.

Heute ist ein besonders schöner Nussknacker fertig geworden. Stolz steht er auf der Ofenbank. Es ist einer von denen, denen man ohne weiteres glaubt, dass sie sprechen können, etwa so und in bärbeißigem Ton:

Ich hab – schon manche Nuss – gepackt,
krick – krack – und mitten durch – geknackt.
Der Spielzeugmacher – der mich schuf –
gab mir das Knacken – zum Beruf.
Ich knacke große – ich knacke kleine,
und was nicht aufgeht – das sind Steine.
Ich knacke hart – ich knacke weich,
nur immer her – mir ist das gleich.
Doch sag ich eins euch ins Gesicht:
Verknacken – ha! – lass ich mich nicht!

Die Pfefferkuchenkarline, die einen Augenblick da war, um ihren Spankorb die Feiertage über bei Pinkerts einzustellen, hat gesagt: Einen schneidigeren Nussknacker hätte sie überhaupt noch nicht gesehen! Und das will was heißen, denn die Pfefferkuchenkarline kommt weit im Land herum. Dieses Jahr ist ihr Geschäft besonders gut gegangen; fast alle ihre Ware ist ausverkauft, nur noch ein paar Päckchen Lebkuchen und eine letzte Pfefferkuchenfrau stecken im Korb, den sie in Pinkerts Stube abgestellt hat. Die Pfefferkuchenfrau guckt gerade oben aus dem Korb heraus und wundert sich.

Worüber wundert sie sich? Nun, bei Pinkerts in der Stube ist allerhand zu sehen. Denn immer, wenn Pinkerts spät in der Nacht zu Bett gegangen sind, werden die Spielsachen, die da herumstehen und -liegen, lebendig. Die kleinen Musikanten spielen auf. Die Bauern schwingen ihre Dreschflegel im Takt. Herren, Damen und Kinder gehen spazieren. Die Reiter geben ihren Rössern die Sporen und traben im Kreis herum. Die Räuchermänner zünden ihre Tabakspfeifen an und qualmen mächtig. Und manchmal, wenn der Ofen noch schön warm ist und wenn sie besonders guter Laune sind, dann brummeln sie gemütlich vor sich hin. Was brummeln sie? Ihr beliebtes Tabakspfeifenlied:

Ein Mann, der nichts zu rauchen hat,
das ist ein armer Wicht,
und ohne Pfeife dazustehn,
das gibt es bei uns nicht.
Wir rauchen spät, wir rauchen früh
und singen unsre Melodie:
Paff – paff – paff – paff –
ist der Tabak auch nicht gut,
paff – paff – paff – paff –
wenn's nur tüchtig qualmen tut!

Der neue Nussknacker traut seinen Augen nicht, wie er das Getümmel sieht. Und wie es qualmt und trubelt! Natürlich kriegt er gleich Lust, mitzumachen. Er klappt zunächst mal seinen Mund ein paar Mal auf und zu. Dann muss er niesen: Hatschi! Der Tabaksqualm ist ihm in die Nase gestiegen.

„Gesundheit!“, ruft’s aus der Ecke.

„Danke schön!“, sagt er und dreht sich um. Wer ist denn die höfliche Person? Da sieht er die Pfefferkuchenfrau.

„Haben Sie denn Schnupfen?“, fragt sie.

„Nein, danke für die Nachfrage“, sagt er, „’s ist nur von dem Qualm hier. Die paffen ja wie nicht gescheit!“

„Würden Sie mir aus dem Korb helfen?“, fragt die Pfefferkuchenfrau.

„Mit Vergnügen!“ Mit einem Satz ist er bei ihr.

„Danke!“, sagt sie, als sie heraus ist, und plinkert mit ihren Rosinenaugen.

„Bitte sehr!“, sagt er und bläst die Backen auf. „Sie gefallen mir.“

Die Pfefferkuchenfrau schlägt die Augen nieder und spitzt den Mund, der eine süße Mandel ist. „Sie mir auch!“, sagt sie ganz leise.

Dann ist alles in schönster Ordnung: Die beiden können heiraten!

Der geschnitzte Weihnachtsengel, der bei Pinkerts immer auf dem Bordbrett steht und eine Kerze in einer Dille trägt, ist der Pfarrer. Die Räuchermänner sind die Trauzeugen. Die Musikbande macht die Hochzeitsmusik. Alle sind froh, dass sie mal tüchtig schunkeln können.

Ist das nun ein Spaß bei Pinkerts in der Stube! Allein das Brautpaar! Wie er sie fest in den Armen hält und wie er den Mund auf- und zuklappt vor Behagen. „Links zwei drei“ brummt er im Walzertakt,

„Links zwei drei, rechts zwei drei,
Beste, ich bin so frei.
Lehn dich in Lieb und Lust
an meine Männerbrust.
Hab schon oft zugepackt
und manche Nuss geknackt.
Heut, süßer Lämmersterz,
knack ich dein Herz.“

Und sie schmiegt sich in seine Arme und ist schon ganz weich vor Wonne:

„Links zwei drei, rechts zwei drei,
Bester, ich bin so frei.
Schimmert von Lieb und Glück
nicht mein Rosinenblick?
Fühl, wie mein Herze klopft
und lauter Honig tropft.
Alles für dich bestimmt,
Zucker und Zimt!"

Und schließlich singt die ganze Hochzeitsgesellschaft:

„Links zwei drei, rechts zwei drei,
und wir sind auch dabei!
Wie ist das Leben schön,
wenn zwei zusammengehn!“

Und wieder die Braut allein:

„O du mein Mandelkern!“

Und nun der Bräutigam:

„Hab dich zum Fressen gern!“

Und nun wieder alle zusammen:

„Segen dem jungen Paar
fürs ganze Jahr!“

Es ist nicht zu sagen, wie hübsch das ist!

Da gibt es auf einmal ein scharfes Geräusch draußen: Rrr! Rrr! Rrr! Rrr!

„Der Wecker!“, schreien zehn, zwanzig Stimmen durcheinander, „der Wecker!“

Bei Pinkerts in der Kammer geht der Wecker. Mann und Frau und Kind müssen aufstehen und Spielzeug machen. Die Hochzeitsgesellschaft steht einen Augenblick still, wie gelähmt.

Dann stürzt alles an seinen Platz, der Nussknacker auf die Ofenbank, die Pfefferkuchenfrau in den Korb, die Musikanten in die Schachtel.

Nichts rührt sich mehr in der Stube.

Der Großvater, der vor den anderen in Holzpantoffeln hereinkommt, fährt mit dem Streichholz an der Wand herunter und zündet sich seine Tabakspfeife an. Das ist immer das Erste, was er früh tut. Nun sieht er selber aus wie einer der Pinkertschen Räuchermänner. Paff – paff – paff – paff – gehts bei ihm. Und nun kommt Frau Pinkert und macht Licht, und damit ist die Geschichte aus.

Pflaumentoffel-Tragödie

Der Weihnachtsmarkt mit seinem Budenzauber, erfüllt von Duft und Glanz, ist auch der Bewahrer und Erhalter manch alten Brauchtums, das sonst längst vergessen und der modernen Technik zum Opfer gefallen wäre. Wer, beispielsweise, kennt sie nicht, die Pflaumentoffel, die geliebten Christmarktangebinde meiner Kinderzeit? Und sie leben heute noch, triumphierend über Krieg und Umsturz hinweg. Der Unterschied zu früher besteht lediglich darin, dass die kleinen Rüpel wie alles in der Welt um einige Groschen teurer geworden sind. Es sind, wenn ihr es doch nicht wissen solltet, kleine schwarze Männer aus Backpflaumen, von denen jeder, Kappe oder Zylinder auf dem Kopf, mit einer Leiter und einem Besen ausgerüstet ist, kindliche Nachbildungen von Schornsteinfegern, Essenkehrern, Feuerrüpeln. Von Angehörigen dieses ehrenwerten Berufes glaubt bekanntlich das Volk von alters her, dass sie Glück bringen. So sollen die kleinen schwarzen Kerle, aus getrockneten Pflaumen und Holzspänen hergestellt, ebenfalls Glücksbringer sein. Und wer erhandelt sich nicht gern für wenige Groschen ein Sinnbild kommenden Glücks, ein Sinnbild, das man obendrein mit Stumpf und Stiel auffressen kann, wenn es nicht hielt, was es versprach?

Zwei solcher Pflaumentoffel, besonders schöne und edle Vertreter ihrer Gattung, hatte ich erworben, bar bezahlt, behutsam nach Hause getragen und den beiden Kindern meiner Nachbarn geschenkt. Paul und Putti, zwei munter sachliche und vollwangige Geschöpfe unserer Gegenwart, waren denn auch bereit, die Stiftung hinzunehmen, sichtlich angetan von der stillen Hoffnung, die Kreaturen kurzerhand verspeisen zu können. Das aber untersagte ihnen ihre Mutter: Weil es sich nicht gehöre; sie sollten doch mit den hübschen kleinen Kerlen erst ein wenig spielen! Wie die Katze mit der Maus, dachte ich, um sie dann doch zu fressen! Also spielen!

Aus dem Gefühl heraus, dem Werte meines Geschenks ein wenig aufhelfen zu müssen, schlug ich schüchtern vor, den beiden Toffeln Namen zu geben. Der Vorschlag wurde angenommen. „Meiner heißt Max!“, sagte Paul mit schöner Bestimmtheit zu seiner Schwester, „sieh nur, was er für Muskeln hat; es ist ein Mann!“

„Ach, meiner ist viel hübscher. Er hat so nette Grübchen und ist schlank, vollschlank. Es ist gewiss ein Fräulein. Ich werde sie Mia nennen“, sagte Putti. „Oder bloß Mi.“

„Also Max und Mi! Das klingt sehr hübsch. Seht nur, wie sie sich über ihre Namen freuen!“ Das heißt, es freute sich eigentlich nur Fräulein Mi, sie freute sich über alles, sie grinste von Natur übers ganze Gesicht. Von Maxens Gefühlsleben war weniger festzustellen, ihm war der Zylinder etwas über die Nase gerutscht.

„So und nun müssen sie sich einander vorstellen!“, schlug ich vor, „und jedes muss ein Verschen sagen.“

„Ein Verschen? Nee“, meinte Paul, „das ist zu schwer!“ Plötzlich aber erglomm sein dickes Antlitz von einem Gedanken. Er packte seinen Toffel und schob ihn auf dem Tische hin.

„Ich bin Max, der Feuerrüpel,
und ich esse gerne Zwiebel!“

Aha, seine erdnahe, vorwiegend auf Nahrungseinnahme gerichtete Weltanschauung hatte ihn inspiriert! Die Inspiration war so stark, dass sie im Augenblick auch noch auf die Schwester übersprang. Putti gab ihrer Figur einen heftigen Stups und ließ sich alsbald vernehmen:

„Ich bin Mi, der Pflaumentoffel, und ich esse gern Kartoffel-“

„-puffer!“ setzte sie nach einer Weile hinzu, offenbar ihrerseits von ihrem Lieblingsgerichte angestupst.

„Schön“, sagte ich, „jetzt wissen die beiden, woran sie sind und was sie voneinander zu gewärtigen haben.“ Könnten sie vielleicht auf Grund der genannten Leibgerichte einen gemeinsamen Haushalt ins Auge fassen? Etwa mit der Überleitung:

„Kartoffelpuffer und Zwiebel,
die schmecken gar nicht übel?“

Mein Versuch, auf solche Weise eine Pflaumentoffel-Komödie in Gang zu bringen, schlug jedoch gänzlich fehl. Einesteils, weil Putti erklärte, für sie kämen überhaupt nur Kartoffelpuffer ohne Zwiebel in Betracht, andernteils, weil die Mutter zu Tische rief. –

Als ich heute im Nachbarhause wieder vorsprach, war inzwischen aus der geplanten Komödie eine vollendete Tragödie geworden. Von den beiden schmucken Pflaumentoffeln waren nur noch die Zylinderhüte, die Leitern und die Besen vorhanden, sie selbst waren den Weg alles Irdischen gegangen, wobei es zum Überfluss zu einem heftigen Zusammenstoß der Geschwister gekommen war; Putti hatte aus Versehen den strammen Max verspeist und Paul Fräulein Mi.

Mir blieb nichts übrig, als meinen Weihnachtsgeschenken einen gefühlvollen Nachruf zu halten.

„Liebe kleine Toffeln“, sprach ich, „so ist nun leider auch an euch das alte Wort wahr geworden: Auch das Schöne muss sterben! Und das Edle! Und das Geschmackvolle! Ja, dass ihr von gutem Geschmack wart, das ist euch geradezu zum Verhängnis geworden! Und dass ihr Glück bringen wolltet! Die Welt, die im Grunde nichts als ein aufgesperrter Rachen ist, nahm das allzu wörtlich und schnappte zu. Nun liegt ihr das Glück im Magen, aber sie hat die Gabe, auch das Unverdaulichste zu verdauen. Sonst wär sie nach so viel tausend Jahren gewiss nicht mehr so leistungsfähig. Ja, und das Glück, das große und das kleine, das frisst und verdaut sie besonders gern! Ihr seid hin, meine lieben Toffeln, und müsst’s euch an eurem Dagewesensein genügen lassen und an dem fragwürdigen Trost, im Gedächtnis der Besten fortzuleben! Denn wer sind die Besten? Wer wählt sie aus? Und wenn sie schon die Besten sind, geraten sie dann nicht mit unfehlbarer Sicherheit ebenso schnell wie ihr in den aufgesperrten Rachen?

Liebe Toffel, ruht in Frieden,
schlanke Mi und strammer Max!
Kurz war euer Traum hinnieden
infolge eures Wohlgeschmacks!“

Also sprach ich. – Trotzdem: Es lebe alles, was Glück bringen will und was voller Schönheit ist! Und voller Güte! Und voller Schmackhaftigkeit! Die Welt ist bitter genug.

Pflaumentoffel-Kantate

An Toffeln ist kein Mangel
im vielgeliebten Erdenreich,
doch kommt von tausend Toffeln – schrumm –
uns keiner gleich!
Plumm – plumm.

Auswendig voller Runzeln
wie manches Ding der Erdenzeit,
inwendig voller Schmunzeln – schrumm –
und Süßigkeit!
Plumm – plumm.

Wir pflaumen uns durchs Leben
und bringen Glück und machen reich.
Doch was ein feiner Mann ist – schrumm –
frisst uns nicht gleich!
Plumm – plumm.

Mettengang

Wenn ich mit meiner Christlatern
früh in die Metten geh,
da steht ein großer Funkelstern
am Himmel in der Höh.

Das ist derselbe Funkelstern,
der überm Kripplein stand,
darin Maria Gott den Herrn
in arme Windeln band.

Nun weiß ich, dass ich Gott den Herrn
mit eignen Augen seh,
wenn ich mit meiner Christlatern
früh in die Metten geh.

Als ein Schäfer und ein Hirt

Wenn das Christkind hier auf Erden
noch einmal geboren wird,
will ich klein und einfach werden
als ein Schäfer und ein Hirt,
will ich ihm ein Sprüchlein sagen,
das in süßen Kindertagen
meine Mutter mir erdacht,
will ich ohne viel Bedenken
ihm mein letztes Spielzeug schenken,
das bis heut mich jung gemacht.

Wenn das Christkind hier auf Erden
noch einmal geboren wird -

Feierabendschnitzer

Das Volk, das ringsum im Gebirge haust,
nimmt gern die Bastelklinge in die Faust;
und unter mancher kleinen Blende sitzt
ein krummer Bergmann, der sich selber schnitzt.

Erst war der Pfosten nichts als toter Wald,
nun wandelt sich's zu menschlicher Gestalt,
bis eines Tags sich scheu ein Atem regt
und leis ein Herz im braunen Holze schlägt.

So ist viel Abendstunden unverwandt
des Schnitzers Wesen in sein Werk gebannt.
Kalt blickt sein Auge, alt, und wenig mild
prüft er sich selbst in seinem Ebenbild.

Doch wenn es sich begibt, dass stillvergnügt
er Schnitt an Schnitt in Mark und Maser fügt
und hinter seinem Blick ein Fünkchen brennt,
dann schnitzt er einen Engel zum Advent.

Und wenn es gar geschieht, dass wie gestreift
von Glanz er werkelt, summt und brummt und pfeift,
bis er am Ende wie ein Bübchen lacht:
Christkindel schnitzt er dann zur Heil'gen Nacht.

Damals

Wer fühlt sich nicht im Innersten befriedigt, wenn er sie wieder erblickt, die tapferen Nussknacker seiner Jugend; als sie zu seinen vertrautesten Freunden gehörten, hatte die Welt noch einen süßen Kern! Wer atmet nicht mit Wollust den Duft ein, der den gedrechselten Räuchermännern aus dem schwarzen Mäulchen wölkt; damals, als man ihnen mit Kinderhänden Räucherkerzchen in den Bauch stellte, roch die Welt noch gut! Wer schmunzelt nicht tief innerlich, wenn er sie wieder vor sich sieht, die Pflaumentoffel aus den Morgenstunden seines Lebens, die Pflaumentoffel, die einst die Mutter selber kunstvoll zusammengebastelt hatte. Damals, da man diese Art Geschenke nach wenigen Tagen unentwegt aufaß, damals wusste man noch nicht, was das bedeutet: Sich an der Welt und ihren Schätzen den Magen zu verderben. Damals, als es noch nicht allzu lange her war, dass der Storchenreiter uns gebracht hatte!

Dieses Damals wird einmal im Jahre wieder lebendig in den Weihnachtstagen. Nicht nur, dass alle diese zauberhaften Sachwalter des Weihnachtskindes vollzählig aufmarschieren, es begibt sich durch sie ein neues, fast noch schöneres Wunder: Der gute Geist, der in ihnen wohnt, springt über auf Werk und Handgriff unserer Maschinenzeit und lässt neue Weihnachtsdinge entstehen, die ebenso köstlich sind wie die alten und an deren reiner Gesinnung sich die Herzen unsrer Tage erwärmen und aufrichten können.

Da sind hölzerne Heinzelmännchen, welche allen, die unentwegt an sie glauben, auch heute noch mancherlei zuliebe tun: Kaffeemahlen, Stubekehren, Stiefelwichsen. Da sind ganze Korporalschaften kleiner gedrechselter und fröhlich bemalter Ruprechte, die Tannenbäumchen oder Lebenslichter geschleppt bringen. Da sind ganze Legionen von zierlichen Weihnachtsengeln, die sich auf irgendeine verständige Weise um Bornkindels Geburt Verdienste erwerben. Die begabtesten von ihnen machen Musik, unaussprechliche Blas- und Streich- und Schlagmusik: Tsching, tsching, bumm, bumm! Da sind schließlich bemalte Pfefferkuchen, die mit Zuckerbuchstaben verkünden: Friede auf Erden und den Menschen ein Wohlgefallen! Oder sie begeistern sich aus ihrem knusprigen Honigwesen heraus: Ich bin bei meinem Schatz so gern, er schmeckt wie süßer Mandelkern. Oder sie versprechen kurz und bündig:

Neue Pfefferkuchenverse aus Zuckerguss

In allen Ecken eine süße Mandel.
So wohlerwogen sei dein Lebenswandel!

Es hat mein Herz geparkt
zum Dresdner Striezelmarkt
bei dir!

Viel geliebtes Mariandel,
meines Daseins süße Mandel,
meines Lebens Zuckerhut,
ei wie tut die Liebe gut!

Auf der Annaberger Kät
hab gespäht ich früh und spät,
hab gespäht ich spät und früh
nach mei'm Schatz, er heißt
Marie!

Du hast mein Herz verraten
an einen Flaksoldaten,
womit ich auf dich huste,
Auguste.

Mein Schatz hat mich verkohlt.
Die Stiefel sind besohlt.
Ade!

Es bleibt die Liebesbrezel
das große Lebensrätsel.

Kurrendesänger

Wir ziehen durch die Straßen
und frieren an die Nasen,
auch friern wir an die Zehn,
doch singen wir sehr schön.

Wir singen Weihnachtslieder
die Straßen auf und nieder.
Hell leuchtet die Latern,
der Max, der trägt den Stern.

Wir laufen als Kurrende
und frieren an die Hände,
auch friern wir an die Zehn.
doch singen wir sehr schön!

Mit meiner Mutter auf dem Weihnachtsmarkt

Endlich ist der Tag gekommen,
da sie sich die Zeit genommen,

mit mir auf den Weihnachtsmarkt zu gehn.
Zinnfiguren, Schaukelpferde,
Bäumchen, Püppchen, Hirt und Herde –
Ach, ich könnt' vor Glück vergehn,
Mutter! –

Und noch immer vor den Ständen
harr ich mit verfrornen Händen,
und es zwickt der Frost in allen Zeh'n.
Und noch immerdar im Trubel
hüpft mein Herz vor Weihnachtsjubel,
denn ich fühl dich bei mir stehn,
Mutter!

Schimmer aus dem Paradies

Wie mich das als Kind beglückte,
wenn, die still den Christbaum schmückte,
Mutter mich mit helfen ließ!
Durft ich, dass sie glänzen sollten,
Nüsse um und um vergolden,
Nüsse, die ihr Blick mir wies.

O wie sich das Kind bemühte!
Stirne ihm und Wange glühte,
Zünglein an die Zähne stieß,
und an allen Fingerspitzen
blieb ein goldner Schimmer sitzen,
Schimmer aus dem Paradies.

Zeit ist übers Land gezogen,
Männerzeit in hartem Bogen,
die den Kindertraum zerstieß.
Ist im Zug des Wandelbaren
Manches Herz davongefahren,
dran so gut sich rasten ließ.

Was blieb uns? Ein Kinderlächeln,
drin das Auf- und Niederfächeln
frommer Engel sich verhieß,
und ein Schimmer, fast verblichen,
dennoch nie ganz ausgestrichen,
Schimmer aus dem Paradies.

Glückauf ist unser Bergmannsgruß

Großvater denkt an seine Kinderzeit

Zwölf Lichter flammen auf an meiner alten Weihnachtspyramide. Ich habe die Kerzen diesmal selber eingekauft auf dem Striezelmarkt. Leise schicken sie ihren warmen Atem empor und hauchen das Flügelrad an, wie man im Herbste manchmal einen Käfer anhaucht, der im frühen Frost erstarrt ist. Und wie der Käfer im warmen Hauch allmählich auftaut und einen Fühler rührt und nun ein Bein und noch ein Bein, und wie er sich schließlich, ganz sachte und vorsichtig, auf eine neue hoffnungsvolle Reise macht, so wacht auch das Flügelrad auf aus tiefem Schlaf, dehnt sich erst ein wenig, und rückt ein wenig von der Stelle, überlegt es sich dann noch einmal, läuft wieder, ganz sacht und kümmerlich, gerade so, als ob es noch keinen rechten Mut habe, kriegt aber nach und nach Mut und dreht sich schneller und schneller, bis es aussieht, als wolle es gar nicht wieder aufhören. Und oben an der Decke wimmeln die Schatten im Kreise. Und die heilige Familie und die Jagd und die Schäferei und die Schneeberger Bergparade, weihnachtsselig wie voriges Jahr, wie vor zwei Jahren, wie vor zehn Jahren machen sie die schimmernde Reitschulfahrt mit, die im Grunde eine lange, lange, heilige Wallfahrt ist.

Und ich schaue hinein in den Flackertanz der Lichter, lange schaue ich dem Wandeln der alten lieben Figuren zu. Ich denke an all die Nächte vergangener Jahre, wo dasselbe Flackern der Lichter und dasselbe Wandeln der Weihnachtsgestalten um mich war. Ich denke an den Abend, wo mein Vater die heilige Familie zum ersten Male hinter den grünen Zaun mit den weißen Spitzen stellte. Wie lange das her ist! Damals ging ich noch in die Schule. Ich denke an den Abend, wo der rote Hirsch aus Brotteig, der heute längst kein Geweih mehr hat, umpurzelte und drei Bäumchen über das Geländer riss, dass sie in die Flammen kamen und lichterloh brannten. Die Mutter – oder war's der Vater? – nein, die Mutter griff mit raschen Händen zu

und löschte den Brand. Wie die Zeit vergeht! Wie lange ist meine Mutter nun schon tot!

Und kleiner werde ich und immer kleiner. Auf einmal habe ich nur noch kurze Höslein an und bin wieder ein gebirgischer Bube, der barfuß auf der Gasse herumläuft und der am Maria-Magdalenen-Tag in den Ästen des breiten Birnbaumes sitzt und die Kirchstraße hinunter späht –

Und horch, da kommt sie auch schon, die Bergparade! Tschingtarata, tschingtarata, bum, bum, tsching - - -. Würdevoll, feierlich, im Takte des altberühmten Kniebügelmarsches kommt sie über das Stolperpflaster des Marktes daher. Voran der Herr Betriebsdirektor oder der Herr Obersteiger mit dem vergoldeten Degen. Vornehm und stolz! Dann zwei Steiger mit schwarzgelben Federbüschen auf den Kappen, mit großen steifgeplätteten Krausen um den Hals, mit Säbeln und silbernen Stöcken, zwischen ihnen der Fahnenträger. Der hat vor Anstrengung einen richtigen Zinnoberkopf, aber mit starken Armen schleppt er die schwarzgelbe Fahne. Dahinter die Musikkapelle mit schwarzroten Federstützen! – „Das sind die Neustädtler!" „Nein, die Schneeberger!" „Nein, die Neustädtler!" – Wie die Trompeten und Posaunen in der Sonne funkeln! Wie die Trommeln rasseln! Wie die Musikanten die Backen aufblasen! Wie großartig die große Pauke – bum, bum, bum, bum – im Takt marschiert! Und nun die Bergleute, allemal vier nebeneinander. Was für Gesichter unter den grünen Filztöpfen: alte, junge, schnauzbärtige, bartlose, gemütliche und strenge! Wie fein sie heute aussehen! Die weißen Rüschen an den Kitteln! Die weißen Kniehosen mit den schwarzen Knieriemen! Die hellen Strümpfe und die blitzenden Schnallenschuhe! Nein, so was! Man sollte es gar nicht für möglich halten, dass es dieselben sind, die gestern noch mit eingedrücktem Hut und schmutziger Kutte Schicht gemacht haben. Aber richtig: Da ist ja der Herr Scheußlich aus dem „Gehäng" und der Herr Burkhard aus der Badergasse! Wo bleibt denn aber der Herr Bretschneider? Ach so, der ist ja ein Zimmerling, der trägt ja keine Hacke, sondern ein Beil auf der Schulter, dem hängt ein breites Schurzfell bis über die Knie herunter. Richtig, da ist er schon! Glückauf, Herr Bretschneider! – Dann waren noch die Bergschmiede und die Schachtmaurer zu bewundern in ihren weißen Kutten, Äxte oder Hämmer auf den Schultern. Und dann war es aus. Dann kamen die Neustädtler Buben, die früh um sieben am Bergamt mit gestellt hatten. Dann kamen die Männer, Frauen und Kinder, die an den Straßen gestanden und aufgepasst hatten und die nun mit hineinwollten in die Sankt Wolfgangs-Kirche, aus der schon die Orgel brauste.

Nun hieß es: herunter vom Baum, wenn man auch noch einen Platz beim Altar haben wollte. Schaurig kühl war's in der hohen Halle, aber unzählige Menschen waren schon da, und die Sonnenstrahlen fielen in schmalen Streifen durch die Fenster. Nun stimmten sie ein Lied an, das man in der Schule noch nicht gelernt hatte; und alle Häuer und Zimmerlinge, der Herr Obersteiger und der Herr Bretschneider und alle die erwachsenen Leute sangen mit.

Dann stand auf einmal der Herr Superintendent auf der Kanzel und hielt eine Predigt. Glückauf! ist unser Bergmannsgruß, Glückauf, Glückauf, Glückauf – das war das schöne Lied, das zu Weihnachten aus allen Häusern klang –, das sagte er her, und dass der liebe Gott den Bergbau im Gebirge erhalten soll und reiche Ausbeute bescheren und dass er alles Unglück abwenden solle von den Zechen, das sagte er auch, das Übrige verstand man noch nicht so genau. Dann wurde wieder gesungen und dann war es „alle". Dann zogen die Bergleute nach Neustädtel zurück, und am Abend war Ballmusik in der „Goldnen Sonne" und im „Karlsbader Haus".

Und wenn man nach Hause kam, entsetzte sich die Mutter, die nicht Zeit gehabt hatte, mitzugehen: „Junge, mit den Händen warst du in der Kirche?" „Ja", sagte man da, „der Steinmüllers Paul war auch mit drin." Das zählte nun freilich bei der Mutter nichts, aber sie zankte diesmal nicht weiter; sie schüttelte bloß den Kopf und sagte: „'s ist nur einmal im Jahre Bergfest; da mag's mal so hingehen!"

Ja, ja, so war es! Mein Gott, wie lange ist das alles schon her! Wie die Zeit vergeht! Und die Lichter meiner Pyramide sind auch schon bald heruntergebrannt. Sieht es nicht aus, als wollte das Flügelrad nun doch noch müde werden? Müde! Wenn es doch gegen das Müdewerden ein Mittel gäbe! Aber ich werde trotzdem, wenn mir mein gutes Glück noch einen Sommer schenkt, noch einmal zum Bergfest in meine Heimat reisen!

Glückauf! ist unser Bergmannsgruß,
Glückauf, Glückauf, Glückauf!

Ich glaube gar, jetzt hab ich alter Mann gepfiffen wie ein Gassenjunge!

Ja, die Erinnerung!

Bringt in Gang die Pyramide

Ein neues Weihnachtslied
Zu singen nach der Melodie: Morgen, Kinder, wird's was geben –

Bringt in Gang die Pyramide,
bei den Nachbarn läuft sie schon.
Zu dem Heiligabendliede,
Karl, gib an den ersten Ton.
Singt, dass Leben kommt ins Haus,
und lasst ja kein Versel aus!

Räuchermännel her und Dillen!
Zündet an die bunte Schar!
Wenn sie sich in Wolken hüllen,
o wie riecht das wunderbar!
Lies, am „Berg" das Licht steht schief;
's tropft auf deinen Klöppelbrief!

Zündet an den Hängeleuchter,
der von gold'nen Perlen blitzt;
bis herab zum Tische reicht er,
dran schon unser Fritzel sitzt.
Mandelstoll'n und neunerlei!
Fritzel ist sogleich dabei.

Stellt die Steiger mit der Blende
fensterlang in Reih und Glied;
gebt den Engeln in die Hände
Lichter ohne Unterschied!
Feierlich aus jedem Haus
fällt ein blanker Schein heraus.

Wie der Ahn einst aus dem Dunkel
als ein Bergmann aufwärts stieg,
führen wir mit Glanzgefunkel
gegen Nacht und Winter Krieg.
Und bestrahlen Angesichts
Stehen wir, ein Volk des Lichts!

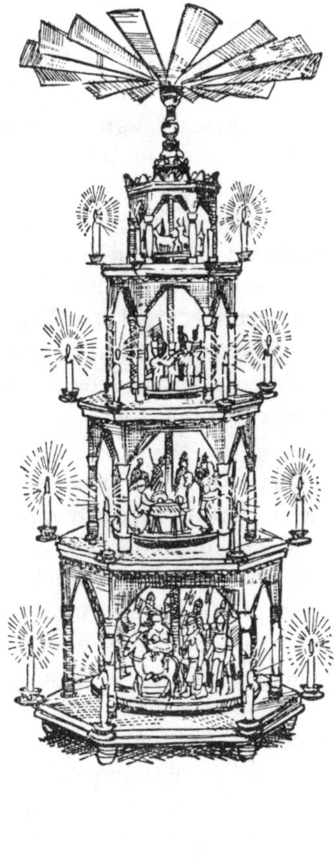

Kleines Weihnachtserlebnis

Einmal fuhr ich um die Weihnachtszeit ein Stück mit der Eisenbahn.

Ich saß in der Fensterecke, ein Buch in der Hand, und freute mich, dass ich das ganze Abteil für mich allein hatte. Ich streckte die Beine bequem von mir und las.

Schon der Gedanke, nicht von einem Gegenüber angestarrt oder von der Seite gemustert zu werden, hat bekanntlich etwas Wohltuendes. Dieses Gefühl des Eisenbahnwohlbehagens verstärkt sich, wenn einem kein Geschwätz und Geplärr um die Ohren schwirrt, wenn einen vom Schoß der Nachbarin her kein Hundchen beschnüffelt, wenn kein unbefangener Säugling durch zielbewusstes Geschrei dem ganzen Zuge zu beweisen sucht, dass er nicht mehr trocken liege. Dieses Gefühl des Eisenbahnbehagens steigert sich leicht zu einem Glücksgefühl, wenn die begründete Aussicht vorhanden ist, dass der bevorzugte Zustand eine gewisse Dauer verbürge.

In meinem Falle verbürgte er keine Dauer. Bald stieg eine junge Frau mit einem etwa fünfjährigen Mädchen zu und setzte sich, nachdem ich, durch einen vorwurfsvollen Blick gemahnt, die Beine eingezogen hatte, auf die Bank mir gegenüber.

Das kleine Mädchen, das den Fensterplatz erstrebt hatte, rückte sich neben der Mutter zurecht, also, dass die Absätze seiner Schuhe zart meine Knie berührten. Es betrachtete mich mit Hingabe. Nachdem es sich einigermaßen über mich klar geworden zu sein schien, kletterte es auf die Bank, wischte mit den Händen am Fenster hin und her, dass es quietschte, und fing an, hemmungslose Wissbegier an den Tag zu legen, eine Wissbegier, die bodenlos zu sein schien. Die Mutter konnte gar nicht schnell genug alle Fragen beantworten, die es hervorsprudelte: Was für ein Dorf das wäre? Warum neben der Eisenbahn lauter hohe Stangen ständen? Warum die Lokomotive nicht pfeife? Warum die Frau draußen keine Handschuhe anhätte?

Weswegen draußen keine Kinder Schlitten führen? Ob das der Knecht Ruprecht wäre, der da aus dem Wald komme? Und so weiter und so weiter.

Das Kind hatte übrigens eine niedliche kleine Zwitscherstimme im Gegensatz zu seiner Mutter, die ihre Antworten zwischen Husten und Niesen hervorbrachte und stark heiser war. Sie schien geradezu die Blütezeit eines ausgewachsenen Schnupfens für diese Bahnfahrt aufgehoben zu haben; sie schien auch nicht abgeneigt, ihren Vorrat an Mitreisende weiterzureichen; denn sie hustete und nieste mir ins Gesicht.

Ich hatte mein Buch längst zugeklappt. An Lesen war nicht mehr zu denken. Ich starrte wütend durch das Fenster. Vielleicht würde da draußen zum Trost wenigstens mir der Knecht Ruprecht erscheinen! Denn der arme Mann, der vorhin aus dem Walde getreten war, war der Knecht Ruprecht nicht gewesen. Das hatte ich den mütterlichen Belehrungen entnommen.

Die Kleine dachte offenbar gar nicht mehr an den Knecht Ruprecht. Sie kletterte von der Bank rückwärts herunter, wobei sie sich, hinfallend, mir zwischen die Beine setzte. Dabei war es immerhin beachtlich, dass sie nicht in lautes Gebrüll ausbrach. Sie arbeitete sich vielmehr schnaufend an meinen Hosen hoch, die Hilfe der Mutter mit Bestimmtheit ausschlagend, und fing an, den Lederriemen, der zum Öffnen des Fensters dahing, gegen die Scheiben zu klatschen. Da sie während dieser Tätigkeit aber auch etwas von der vorbeiflitzenden Schneewelt erhaschen wollte, stieg sie unbefangen auf meine Stiefelspitzen, und wenn sie nicht gerade den Lutschzucker, den ihr die Mutter in den Mund gesteckt hatte, herausnahm und betrachtete, benutzte ihre linke feuchte Hand mein Knie als Stützpunkt. Es war schon ein netter runder klebriger Fleck zu sehen.

In mir kochte es. Eine furchtbare Entladung stand bevor. Ich kämpfte nur noch, ob ich die Kleine mit Nachdruck auf ihren Sitz pflanzen oder ob ich die Mutter anbrüllen sollte. Da fing das Ding zum Überfluss auch noch zu singen an. Erst ganz leise, so etwa, als wenn ein Kanarienvogel seine Kehle prüft, dann lauter und zuletzt so nachdrücklich, dass sein kleines Gesicht rot anlief wie eine Tomate. Wahrlich, es hatte eine wackere Stimme, und es sang nicht schlecht; das musste zugegeben werden.

Der Mutter traten, soweit sie nicht mit Husten und Niesen beschäftigt war, die Augen aus dem Kopf vor Stolz, es fehlte nicht fiel, sie hätte mitgesungen.

Und ich? Warum brüllte ich nicht? Warum tobte ich nicht? Warum verfocht ich nun nicht endlich mit Entschiedenheit mein Recht, für mein gutes Geld unbelästigt von Dresden nach Leipzig befördert zu werden.

Die Kleine sang ein Weihnachtslied. Und der Wortlaut des Liedes, den sie richtig, wie es sich gehörte, nach der ein wenig umgebogenen Weise des „Jungfernkranzes" sang, stammte von keinem anderen - - na ja! –

So alt ich werden mag, ich werde nie vergessen, mit welcher Hingabe der drollige kleine Mund die Worte formte und mit welcher Weihnachtssonne die junge Seele an dem Singen beteiligt war:

Wenn's Zuckerstangen friert, wenn's Zuckerstangen
friert,
da kommt er lustig anspaziert!
Wer? Nun, natürlich der Weihnachtsmann!

Es ergab sich ganz von selber, dass ich die Kleine auf meine Knie hob, ihre klebrigen Hände fasste und kreuzvergnügt einstimmte:

Die Pfefferkuchenfrau, die Pfefferkuchenfrau
Mit ihrem Mann aus Olbernhau,
er knackt ihr eine Nuss, er knackt ihr einen Kern
und hat sie, ach, zum Fressen gern!

Meine schönsten Weihnachtsabende

Wenn gefragt wird: Welches war der schönste Weihnachtsabend, den du erlebt hast, wird fast jeder antworten: In meiner Kinderzeit war ein Weihnachtsabend schöner als der andre; alle diese Abende zusammen bilden einen unverlierbaren Kronschatz höchsten Erdenglücks, sie können niemals übertroffen werden.

Wenn ich persönlich dann weiter in mich dringe, so sind es zwei Abende, über denen die Weihe unvergänglichen Erdenlebens liegt, ein Abend mitten im Krieg und einer aus der Zeit vorher:

Unser Kriegslazarett, an dem ich als Freiwilliger Krankenpfleger Dienst tat, lag im Dezember 1915, wie bereits die Zeit vorher, in Laon. Unsre verschiedenen in der Stadt verstreuten Häuser waren von unten bis oben gefüllt mit Verwundeten. Auf fast allen Stationen waren kleine Weihnachtsfeiern abgehalten worden, noch nicht in den Baracken, wo die Ruhr- und Typhuskranken lagen. Um diese Seuchenstationen ging jeder, der nicht hinkommandiert

war, wegen der Ansteckungsgefahr in weitem Bogen herum. Strengste Lazarettbefehle verlangten das geradezu. – Kurz und gut, ich kommandierte mich selber hin. Manchmal kommt einem eben von irgendwoher eine geheimnisvolle Kraft, wenigstens für den Augenblick Herr aller hundsföttischen menschlichen Schwäche zu werden. Und da ich dort den Stabsärzten und Schwestern nicht auffallen wollte, ging ich stumm von Bett zu Bett, eine Pappschachtel vor mir hertragend. Was aber enthielt die Pappschachtel? Einen winzigen erzgebirgischen Weihnachtsberg, den ich aus Moos und Steinen aufgebaut hatte. Und wie war ich zu diesem Einfall gekommen? Meine junge Frau in der Heimat – vor einem halben Jahr war sie fern von mir Mutter geworden – mochte sich vorgestellt haben, wie leer mir ein heiliger Abend ohne die geliebte erzgebirgische Bornkindelwelt sein würde; darum hatte sie mir in einem Feldpostpaket eine Hand voll weihnachtlicher Spielzeugfiguren geschickt. Was soll ich noch groß erzählen? Ich ging eben von Bett zu Bett und zeigte den kleinen Haushalt. Nichts weiter. Dass überall in unsagbarer Weise die Augen aufglänzten, und nicht nur die, in denen das Fieber glomm, muss ja wohl noch berichtet werden. Dass die Geschichte für mich wegen fahrlässiger Übertretung eines strengen Lazarettbefehls ein unweihnachtliches Nachspiel hatte (und das schließlich mit vollem Recht), das gehört schon nicht mehr zur Sache.

Und das andere Erlebnis? Im Jahre 1912 habe ich früh um fünf auf einer der stolzen Bergkirchen des Erzgebirges beim „Turmglückauf" mitgesungen. Der damalige Kantor, ein berühmter Orgelspieler, war mein Schulfreund. Er hatte mich schon oft eingeladen. Zum Entsetzen aller Verständigen zog ich am Mittag des Heiligen Abends los, um rechtzeitig zur Stelle zu sein. Ich nahm dort, unbefangen, wie man in gewissen Jahren ist, in fremdem Familienkreise an der Bescherung teil, ohne viel zu fragen, ob ich störe, ich aß mit, ich trank mit, ich sang mit und ging voll höchster Befriedigung zu Bett. Und früh um vier musste ich sehr gegen meine Gewohnheit, aber voll wuchernder Erwartung aufstehen.

Die hochgespannte Erwartung ist dann noch übertroffen worden: der Gang durch die nächtliche Stadt, an deren Fensterscheiben immer mehr Lichter aufflammten, der Anstieg zur großartigen Kirche, aus deren Turmlucken es gastlich schimmerte – man musste den Kopf in den Nacken lehnen, wenn man die Türmerwohnung sehen wollte –, das Zusammentreffen mit dreißig, vierzig mit Noten oder Musikinstrumenten bewaffneten Laternenträgern vor der Seitenpforte, die auch mit hinauf wollten, das Emporkeuchen im finsteren Turmschacht, der Austritt oben in die Galerie über den Glocken, durch die, mit Schneeflocken versetzt, der Morgenwind stieß, und schließlich der Rundblick aus schwindelnder Höhe über die verschneite, in Dunkel und Frost gehüllte Landschaft, die ihre schwarzen Wälder und Berge mit einem Geheimnis zuzudecken schien und nur die alte Bergstadt als etwas Vertrautes mit Lichtpunkten und dem Trost menschlicher Nähe unten an den Fuß des Turmes heranschob; es war unbeschreiblich. Und jetzt hob der Paukist die eine seiner Pauken über das Geländer in die Luft hinaus und befestigte sie in einem Eisenring, der das ganze Jahr über auf diese einmalige Benutzung wartete – innerhalb der Galerie wäre für die zweite Pauke kein Platz gewesen –, jetzt gruppierten sich die Musikanten und die Sänger, bis über die Ohren vermummt wegen der Kälte, um ihren Dirigenten, jetzt hob der nach einem letzten Blick der Verständigung die in dicken Fausthandschuhen steckenden Hände, jetzt stieg, von Trompeten, Hörnern, Posaunen getragen, von Klarinetten umspielt, von Pauken umwirbelt, der alte ehrwürdige, aus bergmännischer Ahnenzeit überlieferte Gesang empor:

„Herr, wir singen dir zu Ehre,
dir schallen unsre Jubelchöre,
nimm gnädig unser Loblied an!“

Und der Morgenwind kam und riss den Musikern die Töne aus den Instrumenten fort, und die Flocken kamen und wischten den Sängern die Melodien vom Munde. Und

Trompetenschall und Menschenstimme wurden hinausgeweht in das Geheimnis der Landschaft dergestalt, dass vielleicht ein fernes Dorf hinter Berg und Wald, ein einsam in Eis und Schnee gebettetes Bauernhaus das Turmglückauf wohl deutlich vernahm, die Bergstädter aber, die unten aus den Fenstern lauschten, sich mit einem verworrenen Klingen aus der Höhe begnügen mussten.

Alsdann stiegen wir wieder herab vom Turme, vom schwachen Schein wankender Laternen umzittert. Mit den Füßen stampfend, die verklammten Finger anhauchend, die Ohren reibend, standen wir schließlich wieder unten, und noch immer lag Frost und Dunkel umher. Aber jetzt war es, als sei durch den Frost wie ein warmer Hauch die Verheißung geflochten, dass keine Seele mehr zwischen Himmel und Erde erfrieren soll; aber jetzt war es, als sei in dem Dunkel eine Scheu und ein erstes Zurückzucken, und als liefe eine frühe Ahnung von Sonne am Horizont hin gleich einem Kind, das eine brennende Kerze vor sich trägt in behutsamen Händen – – –.

Ich weiß nicht, was für Weihnachtsabende mir noch zugedacht sind auf diesem Planten. Ich bezweifle aber, dass die beiden, von denen ich berichtet habe, für mich jemals zu überbieten sein werden an innerem Licht und äußerem Widerschein.

Weihnachtsberge

Auf einem der sieben Hügel, auf denen Rom erbaut sein soll, stand ungefähr vierhundert Jahre nach der Geburt des Heilandes eine Kapelle, die die Bretter jener Krippe, in der in Bethlehem das Christkindlein angeblich gelegen hatte, in einer silbernen Truhe aufbewahrte. In dieser Kapelle wurde zuerst eine Nachbildung der Bethlehemkrippe aufgestellt, wahrscheinlich unter Gregor III., der von 432 bis 439 Papst war. Über die Form dieser Nachbildung gehen die Meinungen auseinander. Der erste, über dessen Weihnachtskrippe man etwas Genaueres weiß, war achthundert Jahre später der heilige Franziskus, der die Sonne seine Schwester und alle Geschöpfe Gottes seine Brüder nannte. Er soll seine Krippe, eine Nachbildung des Bethlehemstalles, 1223 im Wald von Greccio zuerst aufgestellt haben, und viel Volk soll von allen Seiten herbeigepilgert sein, um mit ihm vor seinem treuherzigen Bildwerk in rechtem Kindersinn die heilige Nacht zu feiern. Es schien allen ein wahres Himmelsglück, dass man das Christkind endlich einmal mit irdischen Augen betrachten konnte, wie es in seiner Krippe lag, Josef und Maria daneben; und da der heilige Franz der gute Bruder aller Kreaturen war, hatte er natürlich auch Ochs und Esel nicht vergessen. Dass das sinnfällige Werk des frommen Mannes alsbald begeisterte Nachahmung fand, ist leicht zu begreifen, zumal in einem Lande voll kindergläubiger Bewohner. Zu den heiligen drei Personen kamen Engel und Hirten hinzu, Könige mit ihrem Gefolge, Herodes mit seinen Kriegsknechten. Ochs und Esel erhielten Gesellschaft in den Herden, die bei den Hirten waren, in stolzen Rossen und prächtig aufgezäumten Kamelen, die zum Haushalt der Könige gehörten. Der Stall erweiterte sich zu einer Häusergruppe mit Mauerbogen, Brunnen und Palmenbaum, die Häusergruppe wuchs sich aus zum ganzen Marktflecken. Und da zuweilen alle Einzelereignisse der Christgeschichte von der Verkündigung bis zum

Kindermord und zur Flucht nach Ägypten mit in die bildliche Darstellung einbezogen wurden, so stellten manche Krippen schließlich umfangreiche Landschaften dar mit Stadt und Dorf, Berg und Tal, vielleicht sogar mit dem Wechsel zwischen Abend und Morgen.

Wie die äußere Form der Krippe mit der Zeit in die Höhe, Breite, Tiefe wuchs, so vervollkommnete sich auch die Durchgestaltung. Waren die Figuren anfänglich vielleicht nur roh aus Holz geschnitzelt oder aus Ton geformt, so strotzten ein halbes Jahrtausend später manche der italienischen Krippen (vor allem im Süden des Landes) von Gold, Silber und Edelsteinen. Die Figuren, deren Köpfe jetzt vielleicht aus Wachs oder Terrakotta gebildet waren, prunkten in Kleidern aus Samt, Seide und Brokat. An Stelle der notdürftig angedeuteten Gesichtszüge des Anfangs waren Charakterköpfe getreten, durchgearbeitete Phantasiebilder christlicher Frömmigkeit und südlicher Laune, zu denen die städtische und ländliche Umwelt oft hatte Modell stehen müssen. Und als sich gar die hohe Kunst des Barock der Sache annahm, war die große Stunde der Weihnachtskrippe gekommen, etwa im 18. Jahrhundert, da in Neapel und Sizilien die berühmten Krippenbildner Matera und Sammartino lebten. Sie legten den Stil der italienischen Krippe für alle Zeiten fest. Form und Ausdruck ihrer Prägung wurden in der Folgezeit auch für die (vorwiegend katholischen) Gegenden maßgebend, die den Krippengedanken aus dem Süden nach Norden überführten: Tirol und Oberbayern. Was bedeutet nicht der Name Oberammergau für die Krippenkunst! Was für unauslöschliche Eindrücke hinterlässt nicht jedes Mal von neuem ein Besuch im berühmten Münchner Krippenmuseum! Im Oberfränkischen gibt es sogar ein Dorf, wo es einem „Krippenpfarrer“ gelungen ist, seine ganze Gemeinde für die Idee des Krippenbauens zu begeistern.

Vorwiegend einer neueren Zeit ist es vorbehalten geblieben, die italienisch-orientalische Grundgestalt der Krippe aufzulockern und durch Eingebungen des volks-

tümlichen deutschen Geistes eine Neubelebung und in gewissem Sinne eine Bereicherung der Krippenkunst herbeizuführen.

Ich habe das Glück gehabt, viele solche Krippen sehen zu können. Da haben Maria und Josef im Stall eines breit ausladenden westfälischen Bauernhofes Unterkunft gefunden. Da ist es das Schindeldach einer fränkischen Hütte, das den holden Kindertraum vor Nacht und Sturm behütet. Da ist ein bayrischer Josef, ein Schreiner, dem das Federhütlein keck auf den Ohren sitzt, mächtig am Hobeln. Das Kind steht dabei und spielt mit den Spänen. Da kommt in stattlichen Festzylindern und Sonntagsjacken eine schlesische Hochzeitsgesellschaft gezogen, ihre lustige Aufwartung zu machen. Da lässt einer dieser neuen Krippenkünstler das Kind mitten im Wald in einer Köhlerhütte geboren werden. Dörfliche Gestalten sind es, die es

anbeten, während der Köhler selbst sich unbeirrt um seinen brennenden Meiler bemüht. Bei einem anderen wird der Stall durch ein altes bergmännisches Huthaus ersetzt, das sich an eine Erzpinge anlehnt, sodass an Stelle der drei Weisen drei Knappen kommen können, um unmittelbar aus dem fündigen Stollen heraus ihre guten Gaben zu bringen: mächtige Stufen gediegenen Silbers. Bei einem Dritten ist es eine heimatliche Dorfschmiede, die dem Elternpaar freundliche Unterkunft gewährt. Auf einem Schubkarren sitzend, freut sich die junge Mutter ihres Kindleins und gängelt mit dem Fuß die Wiege. Erzgebirgisches Volk drängt beglückt heran, Männer in Schirmmützen, Frauen in Kopftüchern, Kinder; aber der Schmied hat noch keine Zeit, sich um seine Gäste zu bekümmern, er muss einen Schimmel beschlagen. Weit über das Idyllisch-Realistische hinaus geht ein Krippenwerk, das seine Entstehung der Gemeinschaftsarbeit vieler erzgebirgischer Schnitzer verdankt. Hier wird kühn eine Dreiteilung der Szene vorgenommen. Unter der Erde plagen sich Bergleute „vor Ort". Über der Erde auf einer Wolkenbühne jubilieren Engel, dazwischen in der gebirgischen Winternacht ist Freude und Staunen groß über das Wunder der Sonnenwende, indes himmlische und irdische Leitern – ein echt volkstümlicher Einfall – zwischen den drei Welten treuherzig vermitteln. Wo immer aber Tannen und Fichten auf den frommen Haushalt herabhängen, starren sie von Eis und Schnee. Nicht das Kreuz des Südens, sondern der Große und der Kleine Bär gesellen sich dem Wunderstern, der die Stunde des Heils verkündet.

Zum neuen Jahr

Glocken läuten und Becher.
Entfachte Zecher
lärmen um Mitternacht.
Schweigt, ihr törichten Rufer!
Es stößt vom Ufer
des neuen Jahres junge Jacht!

Drin sitzt beim Kompasslesen
das Ewige Wesen
und gleitet in die Zeit.
Einmal nach Mond und Tagen
wird es euch fragen,
ob stiller ihr geworden seid.

Schlagt allen Taumel nieder
und lernt es, meine Brüder,
vor Gott behutsam aufzustehn.
Erst, wenn der Seele eigen
das tiefe Schweigen,
kann ihr ein heil'ges Jahr geschehn!

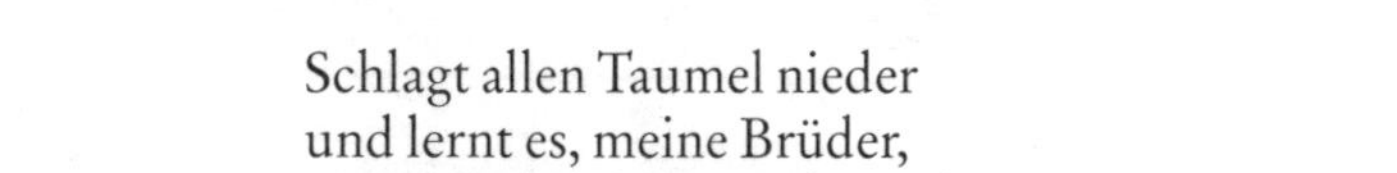

Hohneujahr

Drei Könige, die ich einmal auf einem Weihnachtsberg meiner Heimat gesehen habe, werde ich nie vergessen. Ein schlichter Meister hatte sie aus Lindenholz geschnitzt, so wie sie vor seiner Seele standen. Er hatte bei einem bärtigen Alten, der eine Krone auf dem Haupte trug, das Innig-Andächtige betont, bei einem, der neben seiner Krone kniete, die schenkfreudige Demut (denn es mochte bisher nicht oft vorgekommen sein, dass er, ein König, auspackend bei einer Kiste kauerte) und bei dem dritten, der einen Turban trug, den heiligen Eifer; man hörte ihn fast sprechen mit ausdrucksvoll erhobenen Händen: „Nur das Beste! Nur das Edelste! Nur das, was dauernden Wert besitzt!"

Nun denke ich immer, es müsste unser aller Sorge sein, wie diese wahren drei Weisen aus dem Morgenland in der rechten Art unsre Schätze auszubreiten vor dem jungen

Geschlecht. Wie der bärtige Alte mit der Krone müssten wir es voller Andacht und Demut tun; denn Schenkendürfen ist ein Vorzug und eine Begünstigung. Wie der mit dem Turban müssten wir es mit heiligem Eifer tun, und das Beste sollte auch uns gerade gut genug sein. Und wie jener, der seine Krone abgelegt hatte, müssten wir wieder klein und einfach werden; denn immer wird es eine Gnade heißen, huldigen zu dürfen einem Kinde, das das Heil bringt, und unsre höchste Hoffnung zu setzen auf ein Kind als auf das kommende Volk, dem die Zukunft gehören wird.

Wer aber nicht knien will, der soll aufrecht stehen wie die beiden kleinen nackten Figuren, Mann und Frau unter dem grünen Spanbäumchen, die an die ersten Menschen der Erde erinnern sollen und die ebenfalls auf einem richtigen erzgebirgischen Weihnachtsberg nicht fehlen dürfen. Mann und Frau, nackt und aufrecht unter dem Lebensbaum, was für ein wundervolles volkstümliches Sinnbild! Und wie alles, was aus dem Kinderherzen des Volkes kommt, beruht es auf heiliger Überlieferung von Vätern und Urvätern her, und niemand kann uns verwehren, uns unter dem kleinen grünen Spanbäumchen die Weltesche unsrer germanischen Ahnen vorzustellen. Mann und Frau, nackt und aufrecht im erzgebirgischen Weihnachtsberg, im heimatlichen Paradiesgarten, was für ein Bogen fröhlicher Zuversicht, gespannt über Jahrtausende! Hohe Zeit, Hochzeit im Paradiesgarten! Mit dem aus fernen Ländern zurückkehrenden Singschwan kamen die meisten Kinder an, ja und mit dem heimkehrenden Storch, sodass dieser stattliche Vogel im Volksglauben geradezu zum Kindesbringer wurde.

Und ist er nicht auch vorhanden im erzgebirgischen Paradiesgarten, der Storch, der sich um den Zuwachs der Bevölkerung seit Jahrtausenden so große Verdienste erwarb? Freilich ist er vorhanden! Da steht er, von Großvaters lustiger Einbildungskraft geformt, auf seinen dünnen, stakigen Beinen, mit Kindern bepackt wie mit aufgereihten Zeilen frischer Semmeln. Und für alle Fälle hat der alte

Spielzeugmacher, der die Form festlegte, ihm sogleich die brave Kinderfrau, die Pimpelmutter, die weise Muhme auf den Buckel gesetzt. So kommt sie stolz dahergeritten, und der Korb voll Jungen und Mädel, den sie auf dem Rücken trägt, bürgt dafür, dass der Vorrat so bald nicht ausgehen wird. Sei willkommen, du lustige Kinderbringerin, im hoffnungsvollen Schein des jungen Jahres! Sei willkommen, Storchenreiter!

Und so wollen wir das Fest, das die Geburt eines Kindleins magisch umstrahlt seit Jahrtausenden, am Hohneujahrstag, dem letzten Tag der erzgebirgischen Weihnachtszeit, beschließen mit einem zukunftsgläubigen Gruße an das junge Geschlecht:

Immer vor dem Glanzgefunkel
starker Jugend weicht das Dunkel;
immer ist, was neugeboren,
wesenhaft dem Licht verschworen,
so, dass seine Sonnenblende
triumphiert als Sonnenwende.
Zeit sinkt hin mit Luft und Schmerz:
Ewig ist das Kinderherz!

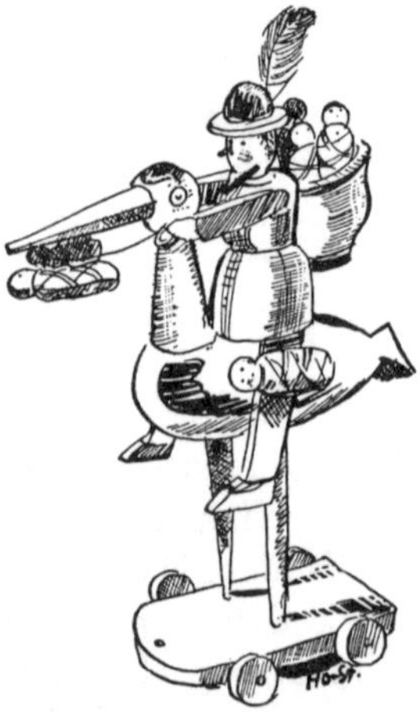

Wie die bekannten Weihnachtslieder entstanden sind

Es ist ein Ros entsprungen ...

Den Mönch, der aus dem Zwielicht des Waldes in den öden Dezembertag heraustrat, fröstelte. Er zog sich die Kapuze tiefer in die Stirn und versuchte, die starren Hände über Kreuz in seinen Ärmeln zu bergen.

Schnee knirschte nicht mehr verdrossen unter seinen Tritten; der eisige Wind, der das Moseltal entlang stob, hatte ihn vom Wege geweht. Wohl aber sprang dieser Wind den Mann jetzt selber an und schlug ihm die Kutte knatternd gegen die Schenkel. Er senkte den Kopf, um leichter vorwärts zu kommen. Wie eine weiße Wolke stand ihm der Atem vor dem Munde.

Außer dem Getümmel des Sturms schien nichts Lebendiges um ihn. Er war der einzige Mensch im weiten Tal, das verfroren in fahlem Dunste lag. Bäume schossen düster aus dem Schnee und stießen die Arme in die Luft gleich Bettlern. Gesträuch spreizte Krallen, schwarz und gehässig. Jetzt endlich eine Stimme: ein Krähenschrei, gierig, tückevoll, dem der Angstpfiff eines Häsleins antwortete. Der Tot ging um im seelenlosen Gelände.

Der Einsame erschauerte tief. So verfluchte die Welt sich selber, so gab sie selber ihren guten Willen preis, zwölf

Stunden vor Christi Geburt? So war kein Herz im endlosen All außer seinem, das dem Himmelswunder sehnsüchtig entgegenpochte?

Plötzlich stutzte er, hemmte den Schritt und beugte sich nieder: Kicherte da unten nicht was auf der Windblöße im verwelkten Gras? Nein, das Kichern scholl in seinem Innern; hier unten duckte sich nur was in Frost und Wind, was Glück und Lenz und eitel Wunder war: eine Blüte, eine Blume mit fünf zarten, weißen Blättern, sternrund im kalten Schnee, und in der Mitte ein Büschlein gelber Strählchen wie eine kleine Sonne, wahrlich, eine weiße Rose im Schnee, eine Winterrose, ein schlagendes Herz, noch eines zu Christi Geburt!

Der Mönch kniete vollends nieder, löste mit seinen verklammten Fingern das Pflänzlein mühsam, aber gar säuberlich mitsamt den Wurzeln aus der erstarrten Erde und bettete es an seine Brust.

Wie er sich nun weiter durch Wind und frühe Dämmerung gegen sein Kloster kämpfte, glich er einem Manne, der Geblüt von seinem Blut im Arme trug und es wärmte und hütete vor aller Fährde.

Er schmunzelte in sich hinein wie ein Kindtaufsvater. Ihn fror nicht mehr.

Als um die zwölfte Stunde in der schmalen Klosterkirche die Novizen „Eia Weihnacht" sangen und die älteren Mönche, über zitternde Lichter hin, zu der Benedeiten am Altar aufblickten in verzückten Gebeten, da saß keiner so froh und so gnadenreich im knarrenden Gestühl wie der Bruder Wendelin.

Er wusste jetzt zu deuten, was ihm geschehen war. Das heiligste Wunder der Welt war auf ihn niedergesunken: Mitten in Frost und Sterben hatte das Leben gelacht, mitten im harten Winter war die Rose erblüht. Und wahrlich, er kannte sie wohl, die „Blume im Tal", er wusste gar wohl, wen sie meinten mit der „Rose von Saron", die greisen Propheten. „Es fiel ein' Ros vom Himmel", im Marienmond sangen das alle Wallfahrer, wenn sie gen Trier zogen. „Es wird ein Reis aufgehen vom Stamme Jesse und ein Zweig aus seiner Wurzel Frucht bringen", sprach der Erzvater, hob den Zeigefinger und streckte ihn aus gegen Bethlehem. Die blasse, süße Blume, die jetzt drüben in seiner Zelle in einem Scherben sprosste, und die reine Magd da vorn, die das lichte Kind geboren, sie waren all-eins. O Mirakel der heiligen Mitternacht! O Fülle der Gnade!

Wie das Halleluja verklungen war und die Menge der Kerzen längst verhuscht, kam der Bruder Wendelin noch einmal mit einem Lämpchen in die Kirche getastet, schlich sich auf Zehenspitzen vor zum Altarbild und pflanzte den Scherben mit seiner Christrose vor der holdseligen Mutter auf. Und er wusste nachher ganz genau, dass sie ihm verständnisvoll zugenickt hatte. – –

So war es nicht verwunderlich, wenn aus diesem Kloster im Trierer Land alsbald ein Lied erwuchs, dessen ebenbürtige Weise nicht lange auf sich warten ließ und das in der

Folge die deutschen Weihnachtskirchen mit unvergänglichem Duft erfüllte. Hundert Jahre später, um 1600, war es schon das „alt katholisch Triersche Christliedlein", mit dem alle Lippen sich den Bethlehemfrieden Gottes ersangen; ja, ein gelehrter Mann, der ein erstes Gesangbuch zusammenstoppelte, nannte es bereits „ein schön andächtig uraltes Psalmieren im Advent".

Es brauchte nur noch der ehrwürdige protestantische Kantor und Kapellmeister Michael Prätorius aus Thüringen zu kommen und ihm die ewige Melodie im Diskantschlüssel zu geben, dazu einen vierstimmigen Tonsatz, und vorhanden war der Christgesang, in dem heute noch etwas Unnennbares von den geheimnisvollen Verschlingungen zwischen Mensch und Gott und Stern und Blume rätselt:

Es ist ein' Ros entsprungen
aus einer Wurzel zart,
wie uns die Alten sungen,
von Jesse kam die Art,
und hat ein Blümlein bracht
mitten im kalten Winter, wohl zu der halben Nacht.

Das Röslein, das ich meine,
davon Jesaias sagt,
ist Maria, die reine,
die uns das Blümlein bracht':
Aus Gottes ew'gem Rat
hat sie ein Kind geboren und blieb ein' reine Magd.

Das Blümelein, so kleine,
das duftet uns so süß;
mit seinem hellen Scheine
vertreibt's die Finsternis,
wahr'r Mensch und wahrer Gott,
hilft uns aus allen Leiden, rettet von Sünd und Tod.

Vom Himmel hoch, da komm ich her –

Über die beschneiten Dächer und Giebel der kursächsischen Stadt Wittenberg senkte sich eine milde Dezembernacht. Gesprenkelt mit Eisschollen, zog die Elbe an den dunklen Mauern vorüber; es war, als wenn auf jeder der Schollen ein kleiner Christengel geschwommen käme, so feierlich sah das aus. Auch in dem Flockentreiben, das in die Gassen und Höfe niederging, war eitel Weihnachtswesen. Fassten sie sich nicht bei den Händen, die zierlichen Flocken, strampelten mit den kleinen Beinen in der Luft und schlugen Purzelbäume, kichernd und lachend, just wie ausgelassene Bübchen, die den Pelzemärtel nicht erwarten können, oder wie weiße Maidlein, die auf einem Bein hüpfen vor Ungeduld, weil der heil'ge Christ noch immer nicht kommen will?

Der Mann, der im ersten Geschoss des Augustinerklosters hinter Schriften und schweinsledernen Folianten saß, war ebenfalls ein wenig in das heranschwebende Fest verstrickt. Nicht nur, dass aus dem feisten, fünfstöckigen Kachelofen im Hintergrund der Stube Bratäpfelmusik kam und aus dem Nebenzimmer fröhliches Gezwitscher von Kinderstimmen; seine Hausfrau Käthe hatte ihn bereits dreimal gefragt im Lauf der letzten Wochen, welchergestalt er dieses Jahr für Familie und Tischgemeinde das Fest auszurichten gedenke. Wusste sie doch, dass er es liebte, die hohen Begebenheiten des Kirchenjahrs in seinem Hause bedeutsam zu unterstreichen, wusste sie aber auch, dass bei solchen Gelegenheiten immer ein gerüttelt Maß unterschiedlicher Geschäfte auf ihren Schultern liegen blieb. Und so wollte sie wenigstens beizeiten wissen, worum sie sich zu kümmern habe.

Der Mann bei der kleinen Leuchte hatte den mächtigen Bauernschädel in die Linke gestützt, während seine derbe Rechte mit dem kunstvollen Messingspänglein der neuen Postille spielte. Sein Blick ging nach dem Fenster, an dessen bleigefassten Scheiben der Tanz der Flocken niederraschelte. „Wie kleine weiße Engel!“, nickte auch er, „wahrlich, sie drücken die Näslein am Glase platt und möchten gern rein!“ Und als in der Nebenstube der fröhliche Lärm plötzlich jäh anstieg, schmunzelte er in derselben Richtung: „Ei, so späht doch da drüben durchs Glas, ihr kleinen weißen Lugerlein, da gibt's mehr zu schaun denn bei mir.“

Und das Herz wurde ihm warm, als er weiter bedachte, dass da nebenan sein Hänschen aus vollem Halse die Trompete blies und das brave Lenchen mit der Nürnberger Docke spaßte. Dazu krähten Paul und Martin, die zwei rechte Pommer waren, mit der ungeschmälerten Lungenkraft ihrer drei, vier Jahre, indes aus der Wiege das quälende Stimmchen des Margritleins schrillte.

Mit einem Mal grub sich eine Falte in seine breite Stirn: Noch ein fröhlich Stimmlein müsst von Rechts wegen da drüben mit zwitschern und schallen, noch ein kleines Herze müsst sich eigentlich mit auf den heil'gen Jesusknaben freun, das Lisabethlein, das so ein süßes, reines Kind gewesen! Aber seit mehr denn sieben Jahren lag es schon draußen auf dem Kirchhof, Gott sei's geklagt! Und heute, wahrlich, heute war sein Geburtstag! Aber es lag ja gar nicht auf dem Kirchhof, es war ja selber ein Englein und wohnte bei Gottes Thron, es fittichte mit silbernen Flügeln durch die Luft und guckte den Leuten in die Fenster, insonderheit jetzt hinter dem vierten Sonntag im Advent. Wahrhaftig, es wuselte mit den Flocken draußen und drückte sein feines Näslein platt und wollte herein zu Eltern und Geschwistern – – –

Der ernste Mann stand auf und trat ans Fenster, mit schwerem Schritt, unter dem die Dielen ächzten. Und ein großes Gefühl kam über ihn, indem er seines toten Kindes dachte: Es ist allhier nur ein Anheben und Zunehmen, welches wird in jener Welt vollbracht, aber die aus jener Welt sind zu Boten erkoren für diese, und nun, mein Lisabethlein draußen im Winterwind, was hast du mir zu melden an diesen Weihnachtstagen?

Und da der kantige Mann mit dem Bauernschädel eine dichterliche Seele hatte, antwortete ihm alsbald eine süße Kinderstimme, und sein Federkiel brauchte nur hinter dieser Stimme dreinzugleiten:

Vom Himmel hoch, da komm ich her,
ich bring euch gute neue Mär,
der guten Mär bring ich so viel,
davon ich sing'n und sagen will.

Euch ist ein Kindlein heut gebor'n
von einer Jungfrau auserkor'n,
ein Kindelein, so zart und fein,
das soll eur'r Freud und Wonne sein.

Es ist der Herr Christ, unser Gott,
der will euch führ'n aus aller Not,
er will eu'r Heiland selber sein,
von allen Sünden machen rein –

Also sprach das Lisabethlein durch die Scheiben.

Die breite Stirn des Schreibers leuchtete. Er holte Atem aus tiefer Brust: So war das Lisabethlein sein kleiner Weihnachtsengel worden! So war ihm sein totes Kind lebendig worden. Ei, so war es an der Zeit, den vertrauten himmlischen Boten aus eigenem Vermögen in Empfang zu nehmen und zu begrüßen. Und er lächelte, wie er als kleiner Bub zu Eisleben und Eisenach gelächelt hatte, indem er weiterschrieb:

Bis willekommen, edler Gast,
den Sünder nicht verschmähet hast
und kommst ins Elend her zu mir;
wie soll ich immer danken dir?

Lob, Ehr, sei Gott im höchsten Thron,
der uns schenkt seinen ein'gen Sohn!
Des freuet sich der Engel Schar
Und singet uns solch neues Jahr. –

Noch lange glomm an diesem Abend ein Licht wie ein sehnsüchtiges Auge aus der schwarzen Klosterwand, und die weißen Flockenflügel, die noch Stunden in seinem kar-

gen Scheine auf und nieder stiegen, hatten alle Ursach, sich seiner zu freuen – – –

Die Frage, wie für Familie und Tischgemeinde das Christfest zu richten sei, ward in Doktor Martin Luthers Hause dieses Jahr aus der Maßen dramatisch geregelt: Es trat am Heiligen Abend, in weiße Laken gehüllt, eine Gestalt in die Tür, die sollt einen Engel fürstellen. Und sie sang nach einer alten Weise: „Vom Himmel hoch, da komm ich her – "

Und Hänschen und Magdalenchen antworteten in demselben Ton mit herzigen Stimmen, ja auch Martinlein und Peterlein und Margritlein wollten dazu nicht schweigen: „Bis willekommen, edler Gast – "

So war da zwischen Himmel und Erde wundersam ein geschwisterlich Wechselspiel. Und heute noch rücken Menschen als gute Schwestern und Brüder zusammen, wenn sie dieses Lied singen.

Ihr Kinderlein, kommet –

Es war um das Jahr 1810 im ehemals gräflich Stadionschen, jetzt bayrischen Marktflecken Thannhausen an der Mindel, gegen Oberschwaben zu gelegen, ein paar schneestiebende Tage nach dem ersten Advent. Da sprang der junge Herr Kaplan Christoph Schmid, der zugleich Distriktsschulinspektor für alle Ortschaften des Landgerichts Ursperg diesseits der Mindel und auch noch für die Herrschaft Edelstetten jenseits der Mindel war, von seinem Schreibtisch empor, dass der Kanarienpiepmatz im Bauer über ihm erstaunt guckte. Der kleine Herr machte mit seinen kurzen Beinen ein paar Sätze gegen die Tür und rief die Stiege hinunter: „Fränzi, ich hab's! Komm schnell mal rauf!" Dabei glühten ihm die Bäckchen, die ein Erbteil seiner Mutter waren, wie einem Schulbuben, der Äpfel maust.

Alsbald kam's in den Holzpantoffeln emporgeklappert, und ein nettes Frauenzimmer, das sich durch ebensolche appetitliche Bäckchen als des ehrwürdigen Herrn Schwester auswies, fragte, ein wenig außer Atem: „Was hast denn, Christöphle?"

Der kleine Herr sah sie siegreich an: „Franzi, weißt noch, was immer zu Weihnachten daheim in Dinkelsbühl in der Pfarrkirch stand, links im Seitengang? Na, der Herr Stadtpfarrer Grasmeier ließ es allweil aufrichten?"

„Je, Christöphle, das Kripple, du meinst das Kripple mit der Stadt Bethlehem?"

„Sehr wohl, Franzi, das mein ich", sagte der Herr Bruder voll Genugtuung, „und das werd ich dieses Jahr hier meinen Schulkindern bescheren!"

„Ei, du lieb's Herrgöttle, die Dinkelsbühler werden's halt nicht gutwillig hergeben wolln!"

„Soll'n sie auch nicht, du Spätzle; ich werd mir selber eins besorgen; heut noch geh ich nach Mindelheim. Und du sagst dem Schulgehilfen, er möchte ein paar Wurzelstöck' und Moos holen und Reisig drüben im Englischen Garten; der Herr Graf wird schon nichts dagegen haben."

„Ja, aber Christöphle, du musst doch morgen in der Früh Beicht hörn und nachmittags predigen; und die Druckbogen von der Pfalzgräfin Genoveva – ?"

„Das Kripple muss bestellt werden, sonst wird's zu spät aufs Fest", sagte der kleine Herr entschieden und bohrte die runden Bubenaugen in einen seiner vier Stubenwinkel.

„Wo soll's denn hin zu stehn kommen, Christöphle, ich hab unten arg wenig Platz, du weißt."

„Wo's stehn soll? Nu, hier oben bei mir, Franzi. Den Schrank da schieben wir ein Stückle beiseit."

„Guter Gott", meinte die Franzi zaghaft und legte eine rot gescheuerte Hand an die Lippen, „da wird's halt arg viel Dreck geben – "

„Geh", lachte ihr der geistliche Herr in die Augen; „'s is halt bloß Dreck zu Christkindleins Ehren, Franzi. Wir werden's schon schaffen. Und denk an unser lieb's Dinkelsbühl!"

„Hast Recht, Christöphle. Aber's muss akkurat so ausschaun wie daheim das Kripple!"

„Wie daheim", nickte der Herr Bruder nachdrücklich, nahm Mantel, Hut und Stock und stampfte unternehmungslustig die Holztreppe hinunter.

„Das Kripple" kam zustande, wenn auch nicht ganz so prächtig wie in der Pfarrkirche der schönen Stadt Dinkelsbühl, wo Christöphle und Franzi Schmid Kinder gewesen waren. Aber Kinder wurden sie wieder von ihrem eigenen zierlich frommen Wunderwerk.

Das Ganze stellte einen Berg dar aus Wurzeln und Moos, draus Tannenzweige wuchsen. Zuoberst ein paar hölzerne Häuserchen bedeuteten die Stadt Bethlehem. Auf Absätzen und Stockwerken des Berges waren Hirten mit ihren Herden gelagert; ein Engel, der an einem Zwirnsfaden von der Decke hing, verkündete ihnen die Christgeburt. Unten in einer Waldeskluft aber war aus Brettern und Brettchen ein niedlicher Stall gezimmert. Darin lag, herzerwärmend und lieblich anzusehen, das Jesuskindlein auf Heu und Stroh. In richtige winzig leinene Windeln war

es gewickelt. Ja, ja, wenn die Franzi auch nicht selber ein Mütterlein hieß, so hatte sie das heilige Kind doch wacker trockengelegt! Und Josef und Maria knieten dabei und Hirten, die um das frohe Ereignis schon wussten, und im Gebälk des drolligen Stalles zappelte ein Volk von Flügelbübchen wie eine lustige Sperlingsschar. Davor, damit man den kleinen Haushalt auch recht betrachten könne, brannten ein paar Kerzen.

Gab das einen Jubel bei den dick beschneiten Thannhausener Buben und Mädeln, als ihnen am Heiligen Abend ihr lieber Herr Schulinspektor seine Studierstube öffnete! Dazu hatte er links und rechts von dem Bethlehemberg ein paar große Schülerinnen seiner Sonntagsschule aufgestellt, die sangen nach einer Weise des braven Komponisten

Johann Abraham Peter Schulz, der vor ein paar Jahren gestorben war, ein wunderhübsches Lied. Wie so manches Verschen zu Firmelung, Hochzeit, Kindtaufe hatte es Ehrwürden Christoph Schmid selber gedichtet. Ja, er konnte eben alles, ihr lieber junger Schulinspektor, hatte er doch sogar ein paar wunderbare Büchlein drucken lassen mit schönen Geschichten für die Jugend, und noch schönere erzählte er, wenn sie ihn tapfer baten, nach den Katechismusstunden! Freilich, das Kripple, das er ihnen heute aufgebaut, das ist am allerschönsten; das ist noch feiner als die „Ostereier" und dic „Pfalzgräfin Genova" und die „Rosa von Tannenburg". Und das Lied, das so herrlich dazu passt, geht auch nicht übel! Horcht nur, wie das Kanarienhähnchen mit hineinschmettert!

Ihr Kinderlein, kommet, o kommet doch all!
Zur Krippe her kommet in Bethlehems Stall
und seht, was in dieser hochheiligen Nacht
der Vater im Himmel für Freude uns macht!

O seht in der Krippe im nächtlichen Stall,
seht hier bei des Lichtleins hell glänzendem Strahl
in reinlichen Windeln das himmlische Kind,
viel schöner und holder, als Engel es sind.

Da liegt es, ach, Kinder, auf Heu und auf Stroh,
Maria uns Josef betrachten es froh;
die redlichen Hirten knien betend davor,
hoch oben schwebt jubelnd der Engelein Chor.

O beugt, wie die Hirten, anbetend die Knie,
erhebet die Hände und danket wie sie!
Stimmt freudig, ihr Kinder, wer sollt' sich nicht freun?
Stimmt freudig zum Jubel der Engel mit ein!

So wie heut vor seinem Bethlehem inmitten seiner Buben und Mädel hatten dem kleinen Herrn Distriktsschulinspektor von Thannhausen die roten Bäckchen noch nicht geglüht. Und als Ehrwürden, der alte dicke Herr Pfarrer Wayerhofer, die Stiege heraufkeuchte, um das Wunderstück, mit dem sein aus der Maßen geschickter ehemaliger Schulbenefiziat so geheim getan, ebenfalls in Augenschein zu nehmen, da fand er dessen helles Antlitz aus der Menge der leuchtenden Gesichter erst gar nicht heraus.

Dann sagte er schmunzelnd, indem er ihm einen wohlgemeinten Rippenstoß versetzte: „Sie sind ein Tausendsassa, mi fili, wo haben Sie das nun wieder her. So was Schönes gab's bloß in meiner Jugend!"

„Auch hier bloß in der meinigen", lachte Herr Christoph übers ganze Gesicht und suchte die Franzi mit den Blicken, „die Hauptsach aber ist, dass es uns wieder zu Kindern macht! Meinen Sie nicht, Ehrwürden?"

„So ist es", schnaufte der und wischte sowohl an seinen Brillengläsern wie an seinen Augen herum, „ich bin nur neugierig, ob Sie nicht auch schon wieder eine Geschichte draus gemacht haben."

„Noch nicht", rief der andere beglückt, „aber ich hab mir's schon vorgenommen. Der ‚Weihnachtsabend' soll sie heißen, und ein armer Waisenknabe soll drin vor einer Krippe knien!"

„'s ist unglaublich", entsetzte sich der Wohlbeleibte, „eh ich einmal meinen Namen schmier, haben Sie zwei Geschichten geschrieben und drei Gedichte dazu, sonstige Überraschungen gar nicht mitgerechnet. Wo soll das bloß noch hin? Passen Sie auf, Sie werden's noch so weit bringen, wie der Herr von Goethe, und der ist schon ein bisschen übergeschnappt."

„So? Davon hab ich noch nichts gehört", kicherte der Kleine, „schreibt er denn auch für Kinder?"

„Ach, gelesen hab ich nichts von ihm", brummte der andere und zog die breite Achsel hoch, um seine Tabaksdose hinten aus dem Rockschoß zu fischen, „ist er nicht ein Lutherischer?"

„Ehrwürden", sagte der Jüngere jetzt ernst, „vor der Krippe in meiner Heimat Dinkelsbühl, der ich diese hier nachgebildet habe, haben Katholische und Evangelische gebetet!“

„Gibt es das?“, staunte der alte Bauernpfarrer, die Prise in halber Höhe, und schüttelte den Kopf. Nachdem er den Tabak umständlich an beide Nasenlöcher verteilt hatte, murmelte er, den Blick auf die unterschiedlichen hellen und dunklen Köpfe gerichtet, die sich noch immer, von einem Lichtschein angeglüht, heiß und innig vor dem Kripplein drängten: „Fasst müsste man’s für möglich halten!“ –

Als die Buben und Mädel endlich beseligt in den Schnee wieder hinausgestolpert waren, troffen Stube und Stiege von hundert nassen Spuren.

Doch die Franzi, die die Einzige gewesen, deren rote Bäckchen denen des Herrn Schulinspektors ganz gleich gekommen, frohlockte innerlich: „Christkindleins Dreck, der soll mir nicht bange machen!“

Die Napoleonischen Kriege brachten wie über so viele deutsche Städte auch über Weimar großes Unglück.

Bei Jena und Auerstädt war in den Herbsttagen des Jahres 1806 die preußische Armee trotz ihrer Siegeszuversicht zusammengebrochen. Der verfolgende Feind fiel über Thüringen her und raubte und plünderte. In Weimar war kein Mensch seines Lebens sicher; selbst Goethe, der Staatsminister, entging in seinem Hause am Frauenplan nur mit knapper Not der Misshandlung durch französische Chasseurs. In der Folgezeit hatte das Land unter den Abgaben und Lieferungen, die der Feind verhängte, unsäglich zu leiden; endlose Truppendurchmärsche fraßen es ratzekahl. Im Jahre 1813, als die Reiter Blüchers dem Vortrab des Marschall Ney weichen mussten, kam es gar zu einem blutigen Gefecht in den sonst so friedlichen Straßen der stillen Ilmstadt. Ihren höchsten Gipfel aber erreichte die Not, als nach Napoleons unerwarteter Niederlage bei Leipzig der fessellose Rückzug seiner Völker durch das weimarsche Land ging. Da beteiligten sich sogar die den Preußen verbundenen Österreicher und Russen an Mord und Brandschatzung, sodass es hinterher an verschiedenen Orten aussah, als hätten Erdbeben Häuser, Scheunen, Ställe durcheinander geworfen, als hätten Pech und Schwefel vom Himmel so Mensch wie Siedlung ausgetilgt. Zwischen den qualmenden Schutthaufen krochen verwaiste Säuglinge hungrig und nackt umher. Von einer Familie waren nicht weniger als neun unerzogene Kinder vater- und mutterlos, ihr neugebautes Haus schien wie vom Erdboden weggeblasen, die Eltern, aus Gram und Entsetzen hingesiecht, lagen im Massengrab der Zeit.

Wie aber in allen Schattenzeiten sich das verdrängte Licht nicht selten auf eine Tat, auf eine Person sammelt, so war auch dazumal in Weimar einer gewesen, von dem in den Jahren des Jammers etwas wie Trost und Linderung ausgegangen war, der Legationsrat Johannes Falk. Dieser redliche Mann und Schriftsteller hatte, der französischen

Sprache mächtig, viel Unheil abgewendet von seinen Mitbürgern. Nicht nur, dass er den Feinden als gutwilliger Dolmetscher gedient und an allen Orten Missverständnisse aufgeklärt, Streitfälle geschlichtet, Gewalttaten abgewendet hatte, er war auch als Sekretär des General-Intendanten, den Napoleon nach der Schlacht bei Jena und Auerstädt eingesetzt, mit Erfolg bestrebt gewesen, seinem Bezirke die immer anschwellenden Steuerlasten zu erleichtern und die unvermeidlichen Requisitionen und Kontributionen abzumildern. Jedermann, hoch und niedrig, reich und arm, kannte ihn damals als den wohltätigen „Blitzableiter" des Landes. In der Folgezeit hatte er im Auftrag seines Herzogs Karl August klug vermittelnde Reisen zu anderen deutschen Fürsten unternommen. 1813 war er geradezu zum Anwalt und Nothelfer der armen Leute geworden. Als die verwilderten spanischen Völker des Herzogs von Ragusa den Bauern das letzte Mehl aus dem Fass, die letzte Kartoffel aus dem Keller, das letzte Rind aus dem Stalle geraubt, lief er in einem weiten Überrock umher, um den Verzweifelten wenigstens bei der Unterbringung ihrer allerletzten Wertstücke, ihrer Geldbeutel, Trauringe, Uhren, behilflich zu sein. Er ließ sich alle Taschen derart voll stopfen, dass ihm sein Mantel schließlich auf beide Füße herabhing und er kaum zu schreiten vermochte. Ja, einmal wirkte er sich bei einem französischen Brigadegeneral sogar zwei Kompagnien Soldaten mit ihren Offizieren aus, um dem grauenhaften Plünderungswerk vertierter Truppen steuern zu können. In Krankenhäusern und Lazaretten hatte er allezeit zugegriffen, wo es nur möglich war.

Dabei waren ihm an Kriegsseuchen die vier jüngsten seiner sieben Kinder hilflos dahingestorben, während er selbst am Nervenfieber, das von Haus zu Haus schlich wie ein Giftmischer, wochenlang ohne Besinnung lag.

Trotzdem war sein erster Gedanke, als er seine Kräfte wieder wachsen fühlte: Was wird aus den armen Opfern des Krieges? Was wird vor allem aus den bedauernswerten Kindern, die ihre Eltern verloren haben?

Er rief in diesem Sinne eine „Gesellschaft der Freunde in Not“ ins Leben, er warb um Hilfe und Unterstützung mit allen Künsten seiner geschickten Feder, er erbarmte sich in eigener Person der schutzlosen Waisen und richtete eine kleine Anstalt für sie ein. Dabei spielte ein merkwürdiges Erlebnis seiner eigenen Jugend eine Rolle: Er selbst war der Sohn eines braven Perückenmachers der Stadt Danzig gewesen, der blutwenig verdiente, wohl aber sieben hungrige Mäuler zu stopfen hatte. So war der nicht in der Lage gewesen, den begabten kleinen Johannes auf eine ordentliche Schule zu schicken. Erst durch tatkräftige Hilfe wohlwollender Lehrer sowie des Danziger Stadtrates war es möglich geworden, dem Knaben eine bessere Erziehung zu geben. Als er dann im Jahre 1791 von der Ostseeheimat Abschied nahm, um die Universität Halle zu beziehen, hatte ihm einer der ehrwürdigen Stadtväter, sein besonderer Gönner, die Hand auf die Schulter gelegt und bedeutungsvoll gesprochen: „Geh mit Gott, Johannes Falk! Du bleibst unser Schuldner; denn wir haben uns deiner angenommen. Wohin dich Gott auch führen mag: Nie vergiss, dass du ein armer Knabe warst. Und wenn dereinst arme Kinder an deine Tür klopfen, so sind wir's, die Toten, die alten Ratsherren von Danzig, die da anklopfen; dann weise sie nicht von der Tür!“

Dieses Wort brannte ihm seither in der Seele. Nun sollte die Schuld abgetragen werden.

Auf den Landstraßen hinter den Zäunen suchte der Legationsrat Falk die Verwaisten zusammen; von Schmutz und Ungeziefer starrten sie. Andere kamen von selber, vom Ruf seiner Mildtätigkeit angelockt, und baten unter heißen Tränen, er möchte sich ihrer Not erbarmen. Keines wies er ab, ob es ein Knabe oder ein Mädchen, ob es aus Weimar oder weit aus einem anderen deutschen Land, ob es evangelisch, katholisch oder jüdisch: Allen wollte er ein lieber Vater sein. Da war ein dreizehnmonatiges preußisches Soldatenkind, das Tag und Nacht wimmerte; seine Mutter hatte es nach der Leipziger Schlacht mit einem erfrorenen Händchen zurückgelassen, um ihrem Manne weiter in den Krieg folgen zu können. Da war ein sechzehnjähriger lahmer Betteljunge aus Arnstadt; auf zwei Krücken war er über den Thüringer Wald herbeigehumpelt. Da war einer, der im Alter von elf Jahren seine Mutter zu Jena heimlich verlassen und als kaiserlicher Trossbub den Feldzug nach Russland, den Brand von Moskau, den entsetzlichen Rückzug durch Eis und Schnee mitgemacht hatte. Ein anderer, vater- und mutterlos, hatte mit seinem Bruder auf den Schlachtfeldern die Leichen geplündert. Ja, einer, ein Zwölfjähriger, musste wie ein wildes Tier in Ketten gelegt werden, immer wieder versuchte er durchzubrennen, so sehr war er schon an das Herumlungern, Stehlen und Rauben gewöhnt.

Angesichts all dieses Elends bewegte Johannes Falk das ahnungsvolle Wort des alten Danziger Ratsherrn in seinem Herzen: Wenn einst arme Kinder an deine Tür klopfen, denke, wir sind es! Bei all dem Jammer hörte er die gute Stimme des Mannes von Nazareth: Was ihr getan habt einem unter diesen meiner geringsten Brüder, das habt ihr mir getan! Er wurde nicht müde zu helfen.

Die kleineren Kinder unterrichtete er selber. Den Mädchen ließ er unter der Aufsicht seiner Frau, die ihm eine treue Gefährtin war, Nähen und Stricken beibringen; auch wurde Flachs zum Spinnen aus dem Hause gegeben, was für viele mittellose Weimarer Familien erwünschten Verdienst bedeutete. Die schulentlassenen Knaben brachte er, zum Teil auf seine Kosten, bei tüchtigen Handwerksmeistern unter, um sie zu Tischlern, Schlossern, Schuhmachern und somit zu brauchbaren Gliedern der menschlichen Gesellschaft auszubilden. Alle aber fasste er zusammen in seiner Sonntagsschule, die vormittags nach beendigtem Gottesdienst stattfand, oder in seiner Sonntagsabendbibelstunde.

Hier suchte er den Herzen seiner Zöglinge und Schutzbefohlenen – im Oktober 1816 zählte die Anstalt allein bereits hundert Lehrlinge – ganz nahe zu kommen. Er las mit ihnen das Wort Gottes, er lernte mit ihnen die deutschen Dichter auswendig, er sang mit ihnen geistliche und weltliche Lieder. Und unter diesen waren viele, und nicht die schlechtesten, von ihm selbst gedichtet.

So erfreute er seine Sonntagsabendschule denn eines Tages auch durch ein Lied auf die hohen drei Feste des Kirchenjahres:

O du fröhliche,
o du selige
Gnaden bringende Weihnachtszeit!
Welt ging verloren,
Christ ist geboren:
Freue, freue dich, o Christenheit!

O du fröhliche,
o du selige
Gnaden bringende Osterzeit!
Welt lag in Banden,
Christ ist erstanden.
Freue, freue dich, o Christenheit!

O du fröhliche,
o du selige
Gnaden bringende Pfingstenzeit!
Christ, unser Meister,
heiligt die Geister.
Freue, freue dich, o Christenheit!

Als Melodie ward dem neuen Lied eine sizilianische Volksweise untergelegt, eine Marienweise: O sanctissima, o piissima, dulcis virgo Maria – (O du heiligste, o du frömmste, süßeste Jungfrau Maria.) Man hatte sie von den fremden Kriegsvölkern gelernt und summte sie seit Jahren. Seit 1813 wurde auch das „Schlachtengebet" des Heldenjünglings Theodor Körner „Hör uns, Allmächtiger, hör uns Allgütiger, himmlischer Führer der Schlachten" überall nach dieser getragenen Marienmelodie gesungen. Liebevoll trat die Himmelsmutter auf diese Weise und unsichtbar zu ihrem Sohne.

Ein späterer, unbekannter Dichter hat das Lied des Weimarer Waisenvaters ganz zum Weihnachtslied gemacht, indem er der ersten Strophe Falks zwei ähnliche hinzufügte, und die deutschen Bethlehemgemeinden von nah und fern haben ihm Recht gegeben:

Christ ist erschienen,
uns zu versühnen.

Himmlische Heere,
jauchzen ihm Ehre.

Und so lebt Johannes Falk als Weihnachtsdichter noch heute und wird vielleicht noch lange leben, während die meisten seiner übrigen zahlreichen Dichtungen vergessen sind. Viel zuverlässiger aber ist das Gedächtnis, das er sich geschaffen hat in seinem herrlichen Werk der Nächstenliebe, in seinem Waisenhaus, aus dem die „Falkschen Anstalten" wurden, die noch jetzt zu Weimar bestehen.

Der vortreffliche Mann mit dem schlichten Blondhaar und den dichten Augenbrauen über der preußischen Hakennase war klug genug, von seinen poetischen Leistungen nicht allzu hoch zu denken. Viel wichtiger erschien ihm schon zu Lebzeiten, dass er ein wahrhaftes Werkzeug in der Hand Gottes zum Heil seiner Mitmenschen hatte sein dürfen. Dieses Bewusstsein versüßte ihm auch die bitteren Schmerzen seiner letzten Stunden; er starb 1826 siebenundfünfzigjährig, nachdem er sieben Wochen hintereinander kein Fleckchen zu finden vermocht hatte, drauf sein siecher Körper schmerzlos liegen konnte. Eine denkwürdige Grabschrift hat er sich selber aufgesetzt in den demütigen Worten: „Ich war ein Lump mit tausend anderen Lumpen in der deutschen Literatur, die dachten, wenn sie an ihrem Schreibtisch säßen, so sei der Welt geholfen. Es war noch eine große Gnade Gottes, dass er, anstatt wie die anderen mich zu Schreibpapier zu verarbeiten, mich als Charpie benutzte und hineinlegte in die offene Wunde der Zeit." Charpie, das war die zerzupfte Leinwand, mit der man in seinen Tagen Wunden zu verbinden pflegte.

Und ganz wundervoll ist, zu sehen, wie er den Wohltätern seiner Jugend, den toten Ratsherren von Danzig, Wort gehalten hat.

Schnee blendete ins dunkle Zimmer herein und über das blasse Gesicht eines jungen Mannes, der geduckt am Fenster saß. Das Feuer im Ofen wollte nicht recht brennen. Draußen stand ein kalter Abend hinter den kleinen Häusern des Dorfes. Es war, als wäre alles Leben eingefroren und zu Eis erstarrt. Nur die Salzach lärmte vernehmlich; sie allein hatte sich vom Frost noch nicht in Fesseln schlagen lassen. Dazu blinkten hier und da ein paar erhellte Scheiben; sie blinkten grell und fremd.

Der junge Mann am Fenster kroch in sich hinein vor Verlassenheit. Er war in seinem Leben viel einsam gewesen; aber so mutterseelenallein wie heute hatte er sich noch nicht gefühlt, heute, einen Tag vor dem Heiligen Abend.

Seine Gedanken liefen, um nur irgendwo Heimat und Herberg zu finden, seine bisherigen Tage entlang. Wahrlich, es war selten warm und freundlich um ihn gewesen.

Daheim bei den Eltern in Salzburg hatte die Not mit am Tische gesessen. Wo sollte auch bei einem gemeinen Soldaten, der sträflichen Leichtsinn gehabt, ein Weib zu nehmen, der Wohlstand herkommen? Hatte man doch sogar zu seiner Taufe – die Mutter hatte es oft erzählt – , um nur überhaupt einen Paten zu finden, den Scharfrichter bitten müssen, den Henker von Salzburg, den „unehrlichen", dieweil sich die gesamte Nachbarschaft für zu vornehm gehalten, den armen Musketiers-Eheleuten Franz und Anne Mohr diesen Dienst zu tun! In der Schule war's dann ein wenig besser geworden. Der Herr Dechant hatte einst bei allen Buben die Stimmen geprüft, dieweil er Singknaben brauchte für den Chor und die hohen Feste, und da war er, der Josef, flugs in den Dom gekommen, und nachher sogar ins Kapellenhaus. Blitz, was hatte er auch für einen sauberen Diskant gesungen damals! Und nicht nur bei den hohen Festen! Und der Herr Dechant war sein Gönner geblieben durch die Jahre. Zu den Benediktinern ins Gymnasium hatte er ihn dann gebracht und schließlich ins Priesterhaus. Ja, der Herr Dechant! Aber im menschlichen Betrieb dieser schönen Dinge hatte der auch nicht drinstecken können, und so war freilich eine dünne Suppe der andern gefolgt, und die kahlen Gitterzellen des Seminars hatten einem sehnsüchtigen Jünglingsherzen feindliche Ummauerung bedeutet und Raub am Leben. Und war's anders geworden draußen in den Amtsstellen, nachdem er auf Herrenchiemsee die ersten Weihen empfangen? Hilfspriester in der vergessenen Ramsau! O Gott, die menschenlosen Tage und Nächte mitten im starrenden Mienenspiel des Gebirgs! Hilfspriester zu Mariapfarr im fernen Lungau! Das bohrende Heimweh aus dem Kerker der Einöde, die marternden Klippenwege zu den Sennen und über den Pass, wenn er einmal zu den Eltern wollte. So kam er denn auch schließlich selber krank nach Salzburg zurück, blass wie ein verwittertes Herrgöttel, wie die Annemirl, die Schwester, sagte; und es war mehr als Glück, dass er mal eine Zeit warm zugedeckt im vertrauten Neste sitzen konnte.

Oh, was war das voriges Jahr für ein seliges Weihnachten gewesen zu vieren daheim! Und dann, kaum gesundet, hatte er hierher nach Oberndorf gemusst. Der Vater, Invalid, verdiente nichts! Die Mutter krank! Denen durfte er nicht länger auf der Tasche liegen; ja, er musste trachten, ihre Armut zu lindern. Also abermals gen Patmos, abermals in die Verbannung! Vier Gehstunden nur von Salzburg, und dennoch im Elend der Fremde! Und wieder nur Hilfspriester, dem kaum ein altes Weiblein mal ein volles Herz auftat, den keiner ganz ernst nahm, den aber auch keiner, aus vererbtem Respekt vor dem geistlichen Gewande, in Freundschaft zu sich hinüberzog. Ein Trost, dass wenigstens drüben in Arnstorf der Franz Gruber Schulmeister war! Die einzig verwandte Seele im Bezirk! Ja, wahrlich, ein Freund!

Klopfen an der Tür ließ den Sinnenden auffahren. Die Schaffnerin, die seine kleine Wirtschaft betreute, schob sich herein. „Ka Licht, Hochwürden!“, staunte sie, „ka Licht? Jessas, sitzt der junge Herr in der Dusternis. Da müss'n m'r doch halt –“

Er winkte ab, wies nach dem Ofen. Deutlich sah sie seine Gebärde gegen das hellere Fenster. Sie kauerte sich alsbald zum Feuerloch; und indem sie blies und stocherte und neues Holz auflegte, schwatzte sie allerlei daher mit einer greisen brüchigen Stimme. Er hörte kaum hin. Plötzlich aber drehte sie sich, ein Scheit schon halb im Flammenknistern: „Jessas, Hochwürden, um a Haar hätt i's versaumt: Der Zillertaler, der unsre Orgel baut, der wird net ferti bis zum Heil'gen Abend. Das lässt er dem Herrn Vikar sagen, und sie wär halt gar so deschperat, die Orgel – ." Ja, sie erregte sich förmlich nach jähem Besinnen, in dem sie sich aufrichtete: „Mein, Hochwürden, da soll'n wir am End gar um die Musik kumm' in d'r Metten. Jessas, Jessas!"

Der Mann am Fenster hatte betroffen aufgehorcht. Nun erhob er sich und tastete zu der Stelle, wo an der Wand eine Gitarre hing. Wie prüfend fuhr er über ihre Saiten. Ein kleiner Ton fiel ins Dunkel wie ein Seufzer.

Die Alte schlug die Hände zusammen und lärmte: „Freili, freili, Hochwürden; nehmen's halt Ihre Gitarr'n! Und so viel schön singen können's ja auch, Hochwürden. Damit dass wir net um unsre Musik kumm'! Freili, da brauchen wir'n halt gar net, den Zillertaler, den – – . Na, nix für ungut. Und eine geruhsame Nacht!"

Der Vikar hatte das Instrument vollends herabgenommen. Nun die Frau die Tür hinter sich zugedrückt, stand er wieder am Fenster, leise an den Saiten zupfend, und blickte hinaus.

Sterne blinkten und flimmerten kalt. Einer besonders stand groß über den Hütten, in denen die kargen Leuchten bereits erloschen waren.

Dem Einsamen kamen wunderliche Gedanken. Morgen Weihnachten! Der Stern von Bethlehem! Die Menschen schliefen; die Natur lag starr und vereist. Aber durch die Jahrhunderte her wachten zwei Herzen über einem Kinde, das vor allen benedeit und erhaben war. Auch dieses Kind schlummerte, und heilig war sein Schlummer. Aber morgen würde es die kristallenen Augen auftun, und Licht,

Licht, Licht würde draus hervorbrechen in Strahlen. Dass das so sein konnte, wachten die beiden Herzen durch die Jahrhunderte, das Herz eines Vaters und das Herz einer Mutter. Ihren Sohn und Gottes Sohn hüteten sie so, auf dass er jedes Jahr von neuem die Menschheit aus alten Sünden reiße. Wahrlich, die Hirten und Bauern von Oberndorf da draußen konnten sich ruhig auf die andere Seite legen in ihren Bettladen: Das Firmament funkelte bereits über ihnen, als wenn die Menge der himmlischen Heerscharen draus schon herniederschwebte. Und morgen würde wirklich aus jedem Stern ein Engel werden. Und früher als den Männern und Frauen im Getal würde denen, die auf den Bergen wohnten, ihr Halleluja beschieden sein. Wie die Hirten von Bethlehem die ersten gewesen, die die selige Botschaft vernahmen! Wahrlich, dann würde das Kind zwischen Vater und Mutter sitzen und die kleinen Arme ausbreiten. Und Strahlen würden aus seinen Augen kommen und Wolken der Liebe aus seinem lächelnden Mund. Und die kalte Nacht würde nicht mehr kalt sein und das Dunkel nicht mehr dunkel. Wahrlich, alle Verwaistheit war dann aufgehoben und alles Verlassensein verwandelt in jauchzende Gemeinschaft der Liebe. Wahrlich, tausend Herzen schlugen dann aneinander, errettet aus alter Haft, und hunderttausend rückten zusammen über Länder und Grenzen, eine einzige endlose Kette von Brüdern und Schwestern desselben Vaters im Geiste, eine einzige himmelumschlungene Sippe des guten Willens im heiligen Christ!

Der Pfarrvikar Josef Mohr von Oberndorf stand längst nicht mehr einsam: Seine braven Eltern reichten ihm über die Täler die Hände. Das Annemirl strich ihm wundersam lind ums Gesicht: Ei, du verwittert's Herrgöttel! Ja, sprach sie ihm das nicht ins Ohr? Und ein kleiner gelbhaariger Bub mit vollen Backen nickte und lachte dazu und strampelte aus seinem Kripplein, um das alles, was Mensch hieß, auf den Knien lag.

Als er jetzt die Laute hinlegte und Licht machte, glomm sein blasses Gesicht wie verklärt im Gewimmel dieser Gesichte. Wie er alsbald ein Papier heranzog und in schlichten Reimen niederschrieb, was ihn so selig bedrängte, sahen die herzlichen Schatten ihm über die Schulter. Und wie er sich nachher befriedigt lang hinstreckte in seinem kurzen Bettschragen, dass es krachte, segneten sie seinen Traum und hingen einen kleinen zierlichen Kranz darüber aus Kerzen, zwischen denen ein Englein auf und nieder stieg. – –

Am andern Morgen war Josef Mohrs erster Gang zum jungen Schulmeister von Arnstorf.

„Franzl", rief er schon von weitem dem Erstaunten zu und schwenkte ein Stück Papier, „ich bring ein Weihnachtslied, du musst's noch bis heut Abend in Noten setzen, am besten für zwei Stimmen. Gelt, da schaust? Und wir beide, ich und du, wir müssen's singen. Aber nicht zur Orgel, geh, zur Gitarr'n! Die Orgel bringt der Mauracher, der Zillertaler, nämlich nicht fertig, jawohl; na, so komm und lies und setz dich her. Bist halt nicht umsonst auch Organist von Oberndorf, Franzl!"

Der wollte erst ein wenig auf den saumseligen Zillertaler loswettern, dazu zur verdoppelten Gemütsbewegung auf die Orgel, die er schon immer ein verlottert's Krispindl tituliert hatte, aber der Vikar ließ ihn gar nicht zu Worte kommen. Er drückte ihn auf einen Stuhl und gab ihm den Zettel.

Franz Gruber brummte und buchstabierte; denn der Herr Pfarrvikar von Oberndorf schrieb eine krause Klaue. Aber ein Widerschein von des Freundes wundersamen Bethlehemgeschichten glomm alsbald auch in ihm auf. Er machte nicht viel Federlesens um den Text. Er fühlte nur, der war gut, und die Sache musste gemacht werden. Er zündete zunächst mal seine Pfeife an, steckte seine langen Beine unter den Tisch und rief: „Weib!" Die kam, noch mit schiefer Schlafhaube, und war nicht wenig erstaunt, Hochwürden von Oberndorf schon vorzufinden.

„Geh, bring halt a Milch für den da", brummte ihr Ehegespons aus dicken Wolken, „der is heut noch nüchtern wie a Rehkitzerl, i seh's ihm an!"

Beide Ellbogen auf den Tisch gestützt, den großen Schädel in den Fäusten, sah er behaglich zu, wie der andere trank. Dann schob er sich empor, packte den Freund, den er um Kopfeslänge überragte, an der Schulter und drehte ihn nach der Tür: „So, nu machst, dass d' heimkommst! I geh allweil an d' Arbeit und kann ka Störung mehr brauchen! 's is halt a Glück, dass mir d' Schulbagasch heut net um die Füß rumschwanzt! I bring dir's Liedel schon zur Zeit; ka Sorg, Josef. No, grüß di Gott!"

Zur Christmette war das Kirchlein Sankt Nikolaus zu Oberndorf voll großer Erwartungen. Nicht nur, dass die Nähe des Christwunders alle Herzen mit Getümmel füllte; heute war man noch eines Besonderen gewärtig: Die Orgel war kaputt, und der Zillertaler, der sie reparieren sollte, war nicht fertig geworden. – Wahrhaftig, dort saß er ja mit unter der Kanzel! – Nun wollte der Herr Vikar mit dem Arnstorfer Schulmeister ein neues Lied solo singen zur Gitarr'n – jawohl, die Pfarrbabett hatte 's erzählt –, und die Singdirndeln sollten auch noch mit einstimmen, damit die Oberndorfer nicht um ihre Weihnachtsmusik kämen dies Jahr Achtzehnhundertachtzehn. Ja so, und der Herr Vikar und der Schulmeister hatten das Lied selber gemacht, selber ausgetüftelt in Vers und Noten, jawohl! Und so saß man denn mit hochgezogenen Augenbrauen.

Die Handlung wandelte vorüber nach alter, feierlich verbürgter Weise. Das Bethlehemwunder schlug die strahlenden Augen empor in hundert zitternden Lichtern, die sich im Atem der Christgemeinde bewegten. Altar, Gestühl und Kanzel, ja jedes Antlitz leuchtete heller, schöner, besser auf. Siehe, es war alles neu worden. Und nun vom Chor ein paar Gitarrentöne, die wie wispernde Engel durch die Kirche huschten. Und nun das neue Lied!

Der junge Herr im geistlichen Gewand, wie sang er schön und inbrünstig! Und der lange Schulmeister auch! Dem war so viel Kunst schier gar nicht zuzutrauen! Aber 's war eben doch einer, der Arnstorfer Schulmeister, einer, der's faustdick hintern Ohren hatte, wenn er nur wollte! I, die sangen ja gar nicht selber, die zwei! Die Engel sangen, die die hohe Botschaft gebracht hatten. Man brauchte nur die Augen ein wenig zuzumachen und zu blinzeln, da konnte man sie sehen. Wahrhaftig, und Josef und Maria und das Büblein sah man auch, und wonnevoll schaukelte eine Himmelswiege:

Stille Nacht! Heilige Nacht!
Alles schläft; einsam wacht
nur das traute, hochheilige Paar,
das im Stalle zu Bethlehem war
bei dem himmlischen Kind,
bei dem himmlischen Kind.

Horch, da war ja auch bei denen die Menge der Heerscharen und stimmte in den Kehrreim ein. Oder waren's wirklich bloß die Singdirndeln gewesen, die so sauber die hohe Wiege mitgeschaukelt: Schlaf in himmlischer Ruh? – Pst, die zweite Strophe:

Glänzende Pracht strahlt durch die Nacht;
Hirten erst kund gemacht;
durch der Engel Halleluja
tönt es laut von fern und nah:
Christ, der Retter, ist da,
Christ, der Retter, ist da!

Ja, die Hirten waren die Ersten gewesen, denen die Gnade kam, Hirten und Bauern und ländliches Volk wie sie. 's war brav vom Herrn Vikar, dass er an seine Oberndorfer gedacht hatte, als er das schöne Lied schrieb. Ja, so wollten sie den heil'gen Christ auch aufnehmen, wie's ihm gebührte!

Licht statt Nacht hat gebracht,
heiliges Kind, deine Macht.
Lieblich liegst du gebettet auf Stroh.
O wie macht uns dein Anblick so froh,
froh dein Kommen zur Erd,
froh dein Kommen zur Erd!

Das Kind in der Wiege war schon lang erwacht. Aus allen Kerzen, aus allen Fünkchen, die mit dem Altargeschirr und blanken Broschen und Knöpfchen spielten, aus dem Geflacker des ewigen Lämpleins lachte es. Unter dem Taufbecken kam ein kleines Echo hervor. Die gemalten Apostel an den Emporen schmunzelten hinter ihren Zottelbärten. Sankt Nikolaus, der Schutzpatron, grölte aus vollem Hals; er, der zum Hofgesind der Weihnacht gehörte wie keiner, hatte ja auch allen Grund dazu. Die ganze Kirche schmunzelte und kicherte und lachte. Und die Welt war gut, und der Mensch war gut, und alles, was schlimm und von gestern schien, war ausgestrichen: Siehe, es war wirklich alles neu geworden.

Die alten Männer der Gemeinde Oberndorf gingen von dieser Christmette selber wie Apostel heim. Den Müttern blieb ein Marienschein mild über den Scheiteln. Und die Buben und Dirndeln blitzten mit den Augen wie das Jesulein, ihnen wurde an dieser Weihnacht aber auch besonders viel beschert, sodass sie sich noch lange wunderten.

Zu denen, auf die das neue Lied den tiefsten Eindruck gemacht hatte, gehörte der Mauracher aus dem Zillertal, der Orgelbauer. Hatte 's ihm vorher schwer auf der Seele gelegen – denn er war ein frommer Mann –, dass er die Orgel trotz heißem Bemühn nicht rechtzeitig zubereiten konnte zum Heilandlob, so waren jetzt die drei Strophen des jungen Pfarrers mit der Melodie des Schulmeisters in seinem musikalischen Gemüte aufgeblüht wie drei Christrosen. Er war es auch, der sich als Erster eine Abschrift des Liedes erbat, eine Abschrift der Noten brauchte er nicht, die merkte sich ein rechter Zillertaler von selber. Als er heimkam so um Dreikönig – denn die Orgel war wirklich ein verlottert's Krispindel und hielt ihn so lange hin –, verbreitete er das Lied, wo er nur konnte, in seiner Heimat.

Seine Landsleute wussten's zu schätzen. Als es die Oberndorfer schon fast wieder aus dem Gedächtnis verloren hatten, klang es in Leimach, Fügen und Mairhofen zu jedem Weihnachtsfest. Als der Pfarrvikar Josef Mohr nach mancherlei Irrfahrten endlich einmal in einer Pfarrei stillsaß und zwar zu Hintersee, und der Lehrer Franz Gruber vor Familiensorgen und den täglichen Nöten seiner kleinen Viehwirtschaft immer seltener an die Musik seiner Jugend dachte, nahmen die Zillertaler Tänzer, Sänger und Zitherspieler das Lied bereits mit auf ihre Fahrten in alle Welt.

Und so geschah's, dass im Jahre 1833 in Leipzig während der Messe die vier Geschwister Strasser aus Leimach, die eigentlich um des Handschuhhandels willen nach Deutschland gekommen waren, „Stille Nacht, heilige Nacht" in einem öffentlichen Saale sangen. Hier hörte es der Kantor Alscher von der katholischen Kirche. Er bat die Geschwister, es auch bei der Christmette in der Kapelle der Pleißenburg vorzutragen. Es gefiel so, dass im nächsten Jahr begeisterte Stimmen in der Zeitung nach einer Wiederholung verlangten. Von da trat es seinen Siegeszug um die ganze Erde an.

Ob Dichter und Komponist im späteren Leben einander noch manchmal begegnet sind, wir wissen es nicht. Das aber wissen wir, dass sie im Himmel zusammen auf der Weihnachtsbank sitzen. Und jedes Jahr zu derselben Stunde rückt der Josef Mohr an seinen Freund heran, tupft ihn sacht in die Seite und flüstert: „Woll'n wir nun, Franzl?" Und der Franzl nimmt dann die Pfeife aus dem Mund, richtet sich bedächtig auf, wobei sein langer Rücken knackt, und murmelt: „Wenn d' halt denkst, Josef!" Im Nu stehn um sie herum die kleinen Engel, die am schönsten singen können. Und drauf stimmen die beiden Seligen ihre Weise an, und die Choristen klappen mit dem Kehrreim nach, gucken in große Notenrollen und tun sehr wichtig, obgleich sie immer bloß eine Zeile haben. Maria nickt dann lächelnd zu der Empore hinauf und langt einen Bratapfel aus dem himmlischen Ofenloch. Sankt Josef schmunzelt hinter seinem Bart und nimmt eine Prise. Das Bübchen aber kräht in der Krippe, aus der goldenes Stroh in Strahlen hängt, zappelt vor Lust und patscht mit Händen und Füßen zusammen.

Auf Erden jedoch geschieht dies: Alle, die in der Einsamkeit trostloser Geschicke frieren und in der Verwaist-

heit winterlicher Nacht, alle, die aus der Verschwisterung milder Menschlichkeit gefallen sind und aus dem Ring, den die ewige Liebe schließt, die besinnen sich mit einem Mal auf einen Weg, der vielleicht hinausführen könnte aus den dunklen Kammern ihrer Kinderzeit. Und manche finden auch diesen Weg und laufen ihn schnell, und sie alle begegnen einander im Zeichen der Weihnacht wie im warmen, großen, guten Herzen Gottes.

O Tannenbaum

(Oskar Seyffert gewidmet)

Manche Lieder unseres Volkes sind, sowohl was den Wortlaut als auch was die Weise betrifft, entstanden unter dem Oberlicht einer einzigen gnadenreichen, schöpferischen Stunde, an anderen haben Jahrhunderte mitgedichtet und mitkomponiert. Zu diesen gehört das unverwüstliche Kinderlied vom Tannenbaum.

Wie es zum ersten Mal auftaucht im Lieder- und Melodienstrom der Zeit, ist es kein eigentliches Kinderlied, weder dem Wortlaut noch der Weise nach. Als fliegendes Blatt ging es um gegen die Mitte des 16. Jahrhunderts, und das deutsche Gemüt, das schon damals gern nach dem Grund der Dinge zielte, besang darin die erfreuliche Beständigkeit der winterharten Nadeln:

O Tanne, du bist ein edler Zweig,
du grünest den Winter und die liebe Sommerzeit.

Wenn alle Bäume dürre sein.
So grünest du, edles Tannenbäumelein.

Diesem nachdenklichen Text gesellte sich alsbald eine ebenso nachdenkliche Melodie in Moll. Der vortreffliche Melchior Franck, der 1580 zu Zittau in der Lausitz geboren wurde und 1639 als Hofkapellmeister zu Coburg starb und der einer der ersten protestantischen Musikmeister war, die es nicht unter ihrer Würde hielten, deutsche Gesänge und Tänze zu schreiben und die frischen Lieder zu sammeln, die das Volk unter der Dorflinde sang, hat sie also aufgezeichnet:

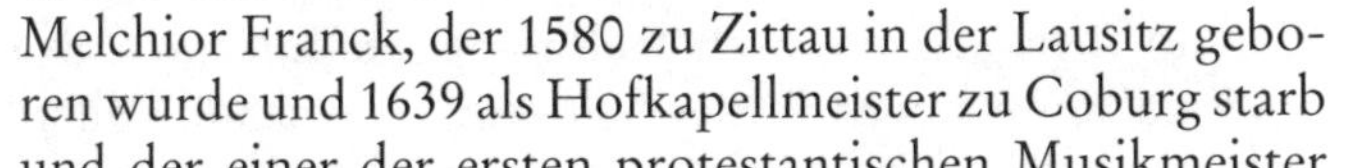

Wenn andre feine Bäumelein
In großen Trauren stehn,
so grünest du uns den Winter,
du edler Tannebaum.

In Melchior Francks Liederbuch „Fasciculus quodlibeticus“, wo sich die Melodie zum ersten Mal findet, ist allerdings der Text nur in seiner zweiten Hälfte vertreten. Wie beliebt er aber war, ist daraus zu ersehen, dass er bereits zum Tanz und von den Soldaten gesungen wurde. Heißt es doch in einem der berühmten Sinngedichte des Schlesiers Friedrich von Logau, die 1654 erschienen:

Wenn's höflich wo ging zu,
so klang ein Reuterlied:
der „grüne Tannenbaum“
und dann der „Lindenschmied“.

Und in dem „Alamodisch technologisch Interim“, das 1675 zu Rappersweil in der Schweiz herauskam, rühmt sich einer, er sei noch nicht so alt, er könne noch den „Hildebrand“ und „Gut Hänschen über die Heide reit'“ zum Besten geben und nach dem „Tannenbaum“ ein Tänzlein, eine Galliarde, springen.

Ja, auch die Studenten machten sich bald das Lied zu eigen, wie denn in einem 1729 gedruckten Historienbuch zu lesen steht: „Zu Altdorff ist vordem der Gebrauch gewesen, dass die Herren Studiosi auf öffentlichen Markt und Gassen Tische gesetzt und dabei geschmauset, allwo sich dann auch die vorbeygehenden Herren Professores nicht haben erwehren können, eines mitzumachen und die alten Stückchen, ad exemplum ‚O Tannenbaum, o Tannenbaum', mit anzustimmen."

Im Lauf der Jahre war zu den ersten beiden nachdenklichen Strophen noch eine dritte hinzugekommen, in der das Tannebäumlein wie ein ländlich Waisenkind redend eingeführt wurde. So sangen schlesische Hirten:

O Tonnabaum, o Tonnabaum,
du bist ein edles Reis,
du grünest in dem Winter
os wie zur Summerzeit.

Worum soll ich ne gruna,
do ich no gruna kaann?
Ich ho weder Vater noch Mutter,
die mich versorge kaann.

Auch geistliche Umdichtungen musste sich das Lied gefallen lassen. Schon im 17. Jahrhundert sangen katholische Gegenden von einem himmlischen Tannenbaum:

O Tannenbaum, o Tannenbaum,
holdselig ist dein Nam'.

Im Züricher Oberland lauteten Anfang und Ende eines ebenso christlich ausgedeuteten Sanges:

O Tannenbaum, o Tannenbaum,
du bist ein edles Zwig,
du grünest Sommer und Winter,
es regni oder schni.

O Nachtigall, o Himmelsaal,
o Kron der Seraphim,
o schöne Stadt Jerusalem,
wär ich ein Bürger din!

Ja, sogar ein Zedernbaum vom Libanon, ein Baum, der, wie die nordische Tanne, Hoffnung und Beständigkeit im Garten Christi verkörperte, wurde draus.

So kann es nicht wundernehmen, dass die Tannenbaum-Melodie im Lauf der Zeiten und unter veränderten Umständen verschiedene Mal ihre Gestalt wechselte.

Noch am verwandtesten der Urform erscheint eine Moll-Weise, die aus dem Ruhländischen stammt:

Ebenso trägt eine Moll-Melodie aus dem Paderbornschen noch deutliche Spuren der ersten Gestaltung:

Worum schold ich nich grönen,
da ich noch grönen kann?
Ich hebb nich Vader un Moder,
de mi versorgen kann.

Un de mi kann versorgen,
dat is de leve Gott,
de leet (lässt) mi wassen (wachsen) un grönen,
drum bin ich stark un grot.

Dagegen wendete sich eine Weise, die im Odenwald gesungen wurde, mit heiterer Entschiedenheit nach Dur:

Und in Schlesien klang das Lied ebenso fröhlich weiter:

Ja, sogar getrennt wurden Melodie und Wortlaut zuweilen, und der viel geliebten Weise schob man andere Texte unter.

Der kölnische Poet Nicolai Peucker ließ bereits 1702 bäuerliche Verse seiner „Lustigen Pauke" im Ton des Tannenbaums daherkommen. In „Vergnügten und unvergnügten Reisen auf das weltberufene Schlesische Riesengebirge" des Jahres 1736 wird der Berggeist Rübezahl in demselben Tone angesungen. Und der schwäbische Dichter Ludwig Uhland, der Volksliedforscher, gewann dem biederen Grundgedanken des Liedes eine neue Seite ab, indem er folgende herzlich-schmerzliche Betrachtung eines Liebenden an seine Melodie bindet:

O Tannenbaum, du edles Reis,
bist Sommer und Winter grün.
So ist auch meine Liebe,
die grünet immerhin.

O Tannenbaum, du kannst doch nie
in Farben freudig blühn.
So ist auch meine Liebe,
ach, ewig dunkelgrün.

Aus der nachdenklichen Tanzweise, aus dem Lied, das Soldaten, Studenten, Hirten mit gleicher Inbrunst sangen, war ein Liebeslied geworden. Mit dieser neuen Berufung kam auch seine große Stunde.

Die Studenten kannten bereits seit Jahren eine Melodie, die dem „Tannenbaum", vor allem in den Anfangstakten, nahe stand. „Lauriger Horatius – " und „Gott grüß dich, Bruder Straubinger – " sangen sie dazu. Diese Weise beschwingte den Berliner Musiker August Zarnack derart, dass er, das alte Motiv bedenkend, die jüngere Minnebeziehung beibehaltend, ein Lied schuf, das durchaus im Zeichen eines glücklichen Sterns entstand. 1820 erschien es zum ersten Mal, zusammen mit der neuen, beschaulichen Melodie, die heute noch gültig ist, in seinen „Volksliedern":

O Mägdelein, o Mägdelein,
wie falsch ist dein Gemüte;
du schwurst mir Treu in meinem Glück,
nun arm ich bin, gehst du zurück!
O Mägdelein – –

Die Nachtigall, die Nachtigall
nahmst du dir zum Exempel:
Sie bleibt, solang der Sommer lacht,
im Herbst sie sich von dannen macht!
Die Nachtigall – –

Der Bach im Tal, der Bach im Tal
ist deiner Falschheit Spiegel;
er strömt allein, wenn Regen fließt,
bei Dürr er bald den Quell verschließt!
Der Bach im Tal – –

Und kaum hatte sich dieses anmutige Lied verbreitet und bei Arm und Reich ungeteilten Beifall erworben, als einer auf dem Plan erschien, dem es doch nicht behagte: Ihm war zu viel Liebe darin, er bedachte, etwelche Buben und Mädchen könnten Schaden an Leib und Seele nehmen, falls sie das Liedlein höreten, und hielt es nicht für einen Raub, besagte böse Liebe durch Moral zu ersetzen. Es war natürlich ein Pädagog, ein braver Schulmann zu Leipzig, namens Ernst Anschütz. Durch ihn erhielt 1824 der Text des „Tannenbaums" alsbald vorläufig die letzte Form, nachdem die Melodie, wahrscheinlich endgültig, festgelegt worden war.

Und die deutschen Kinder singen nun, bereits hundert Jahre lang, nicht gerade angelockt, aber auch nicht abgestoßen durch die schulmeisterlichen Absichten des Anschützischen Textes, indem sie Zarnacks vortreffliche erste Strophe beibehalten:

O Tannenbaum, o Tannenbaum,
wie treu sind deine Blätter,
du grünst nicht nur zu Sommerszeit,
nein, auch im Winter, wenn es schneit!
O Tannenbaum – –

Und wenn es einem übermütigen Buben hierbei immer wieder einmal einfällt, zu krähen: Du grünst nicht nur zur Winterszeit, nein, auch im Sommer, wenn es schneit, so geschieht dem kerngesunden Lied, das so viel Wechselfälle des Schicksals hinter sich hat, dadurch noch lange kein Schaden, zumal ihm nun eine Erhebung zubereitet wird, die für alles entschädigt, die Krönung zum Weihnachtslied:

O Tannenbaum, o Tannenbaum,
du kannst mir sehr gefallen,
wie oft hat schon zur Weihnachtszeit
ein Baum wie du mich hocherfreut!
O Tannenbaum – –

O Tannenbaum, o Tannenbaum,
dein Kleid will mich was lehren:
Die Hoffnung und Beständigkeit
gibt Trost und Kraft zu jeder Zeit!
O Tannenbaum – –

Lustig ist dabei anzusehen, wie auch durch die Umformung des biederen Schulmannes noch der Grundgedanke von der Zuverlässigkeit der winterharten Tannennadeln schimmert, und so laufen Ende und Anfang bedeutungsvoll zusammen. Dazu ist das Lied auch innerlich und diesmal erfreulich undogmatisch, indem es das Bethlehemmotiv ganz beiseite lässt, ein rechtes Weihnachtslied: Der Trost und die Kraft, die es verschenken kann, sind nichts anderes als die wundervolle Verheißung der Wintersonnenwende, die Verheißung der immer wiederkehrenden Jugend, des ewigen Frühlings.

Nachwort

Mit der vorliegenden Neuausgabe des „Goldenen Weihnachtsbuches“ von Kurt Arnold Findeisen erscheint erstmals eine geschlossene Auswahl aus allen seit 1928 erschienenen, in ihrem Inhalt von Auflage zu Auflage jeweils wesentlich veränderten Ausgaben. Denn mit Ausnahme einiger weniger Texte, die vor dem Hintergrund des Ersten und Zweiten Weltkrieges enstanden sind und somit nicht mehr als zeitgemäß angesehen werden können, sowie Erzählungen, die nur teilweise von Findeisen stammen, wurden alle bisher erschienenen Texte aufgenommen, einige davon geringfügig überarbeitet. Sofern über die verschiedenen Auflagen hinweg unterschiedliche Textfassungen vorlagen, wurde – wenn irgend möglich – auf die Fassung der Erstausgabe zurückgegriffen; spätere, teils vermutlich nicht vom Autor selbst durchgeführte Kürzungen und Textänderungen wurden weitgehend rückgängig gemacht. Die Illustrationen stammen sämtlich von Alfred Hofmann-Stollberg und wurden den früheren Auflagen entnommen.

Somit ist mit diesem Buch endlich die ganze Fülle der Weihnachtserzählungen, -legenden und -geschichten von Kurt Arnold Findeisen wieder greifbar; ebenso wie die kulturgeschichtlichen Betrachtungen der Weihnachtsbräuche von den Anfängen bis hin zu den konfessionell unterschiedlichen Ausprägungen in den verschiedenen Landschaften. Abgerundet durch die Entstehungsgeschichte einiger der bedeutendsten deutschsprachigen Weihnachtslieder wie „O Tannenbaum“ oder „Stille Nacht“ spannt Findeisen auch regional einen weiten Bogen von seiner Heimat, dem Erzgebirge, bis weit hinein nach Thüringen, Bayern oder sogar an die Mosel. So stehen Bilder aus Dresden neben Erlebtem aus dem Erzgebirge mit einer Stimmung, die auch heute dort noch spürbar ist. Und manch ein Vers ist mittlerweile so geläufig, dass er fast zum Volksgut geworden ist.

Alix Paulsen

Inhalt

Advent . . . 5
Das Weihnachtsland und sein Vorhof . . . 6
Sankt Nikolaus und Knecht Ruprecht . . . 12
Knecht Ruprechts Sendung . . . 16
Vom Striezelmarkt . . . 18
Striezelmarktkinder . . . 19
Turmmusik . . . 20
Weihnachtszauber der Heimat . . . 21
Von der erzgebirgischen Weihnachtsseele . . . 22
Aufmarsch der Weihnachtsgestalten . . . 33
- Bergmann und Engel mit Lichtern . . . 33
- Parade der Holzsoldaten . . . 36
- Räucherkerzenmänner
- Der Soldat . . . 37
- Der Türke . . . 37
- Der Rastelbinder . . . 38
- Karl Stülpner, der kühne Raubschütz . . . 39
- Zeit der Wunder . . . 40
- Der Zappelmann . . . 40
- Von einer kleinen hölzernen Reitschule . . . 41
- Der Pflaumentoffel . . . 42
- Klapperstorch mit Reiter . . . 43

Drei Feld-, Wald- und Wiesenleute . . . 44
Das lustige Weihnachtslied . . . 45
Die Pyramide . . . 46
Die kleine Pyramide . . . 47
Der Raubschütz und der Esel des heiligen Josef . . . 48
Der kleine Melchior und das Weihnachtskind . . . 51
Adam-und-Eva-Legenden . . . 57
Das Bornkindel bei den Bergleuten . . . 58
Bornkindel . . . 61
Der Nussknacker und die Pfefferkuchenfrau . . . 62
Pflaumentoffel-Tragödie . . . 68
Pflaumentoffel-Kantate . . . 71

Mettengang ... 72
Als ein Schäfer und ein Hirt ... 72
Feierabendschnitzer ... 73
Damals ... 74
Neue Pfefferkuchenverse aus Zuckerguss ... 76
Kurrendesänger ... 77
Mit meiner Mutter auf dem Weihnachtsmarkt ... 78
Schimmer aus dem Paradies ... 79
Glückauf ist unser Bergmannsgruß
(Großvater denkt an seine Kinderzeit) ... 80
Bringt in Gang die Pyramide ... 84
Kleines Weihnachtserlebnis ... 86
Meine schönsten Weihnachtsabende ... 89
Weihnachtsberge ... 93
Zum neuen Jahre ... 97
Hohneujahr ... 98
Wie die bekannten Weihnachtslieder
entstanden sind ... 101
Es ist ein Ros entsprungen 101
Vom Himmel hoch, da komm ich her – ... 105
Ihr Kinderlein, kommet – ... 109
O du fröhliche 115
Stille Nacht, heilige Nacht – ... 122
O Tannenbaum ... 133
Nachwort ... 142